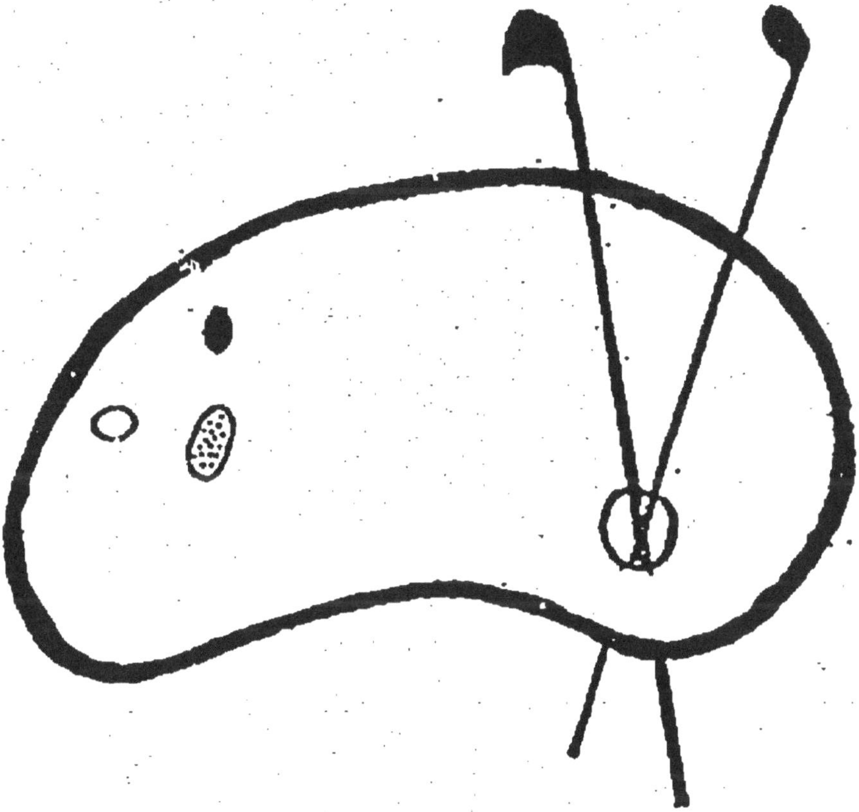

INSTRUCTION PRIMAIRE

ADMINISTRATION SCOLAIRE

GUIDE-PRATIQUE

A L'USAGE

DES INSTITUTRICES & DES INSTITUTEURS PUBLICS
DES MAIRES & DES DÉLÉGUÉS CANTONAUX

PAR

A. TAILLEFER
Inspecteur de l'Enseignement Primaire

HONORÉ D'UNE SOUSCRIPTION
Du Conseil Général des Pyrénées-Orientales

Deuxième édition, revue et augmentée

PARIS
LIBRAIRIE CH. DELAGRAVE, ÉDITEUR
15 — RUE SOUFFLOT, — 15

1886

A LA MÊME LIBRAIRIE

BIBLIOTHÈQUE PÉDAGOGIQUE

Les écrivains pédagogues du XVIe siècle, extraits des œuvres de ERASME, SADOLET, RABELAIS, LUTHER, VIVÈS, RAMUS, MONTAIGNE, CHARRON, par PAUL SOUQUET, in-12 br. ... 2 »

Emile ou de l'éducation, par J.-J. ROUSSEAU (extraits choisis), avec 2 introduct. par PAUL SOUQUET, in-12, br. ... 2 50

Doctrines pédagogiques des Grecs, par A. MARTIN, agr. des lettres, in-12, br. ... 1 25

Pensées sur l'éducation des enfants, par J. LOCKE, notes par LOUIS FOCHIER, in-12, br. ... 2 50

Traité de l'éducation des filles, par FÉNÉLON, publié avec une introduction et des notes, par PAUL ROUSSELOT, ancien professeur agrégé de philosophie, inspecteur d'académie, in-12, br. ... 1 »

Traité des études de Rollin. Directions pédagogiques recueillies par F. CADET et E. DARIN, in-12, br. ... 2 »

La pédagogie féminine, extraits de tous les traités sur l'enseignement des femmes, par PAUL ROUSSELOT, in-12, br. 2 »

Comment Gertrude instruit ses enfants, traduit de Pestalozzi par le Dr DARIN, in-12, broché ... 2 50

Le même, avec portrait hors texte 2 75

La pédagogie révolutionnaire (1789 à 1808), par G. DUMESNIL, ancien élève de l'École normale supérieure, in-12, br. 2 »

Madame de Maintenon, éducation et morale, choix de lettres, entretiens et instructions, par FÉLIX CADET, inspecteur général de l'instruction publique et le Dr DARIN, lic. ès-lettres, in-12, br. 2 »

Cours théorique et pratique de pédagogie, à l'usage des écoles normales primaires, par CHARBONNEAU, précédé d'une introd., par J.-J. RAPET, in-12, br. 2 75

Le même, cart ... 3 25

Pédagogie, à l'usage de l'enseignement primaire, par P. ROUSSELOT, in-12, br 3 »

Le même, cart ... 3 50

Histoire universelle de la pédagogie, par E. PAROZ, D[r] d'école normale in-12, br. ... 4 »

Lettres sur la pédagogie, par F. CADET, inspecteur général de l'instruction publique, in-12, br. ... 2 »

Lettres sur la profession d'instituteur, par A. THERY, in-12, br ... 2 »

L'école primaire, essai de pédagogie élément., par P. ROUSSELOT, in-12, br 1 25

Conseils aux instituteurs, par RICHARD, in-12, br. ... 0 50

De l'éducation dans la démocratie, par Madame L. COIGNET, in-12, br. ... 3 »

L'instruction primaire aux Etats-Unis par PAUL PASSY, in-12, br. ... 2 »

L'Ecole maternelle, étude sur l'éducation des petits enfants, par Madame CHALAMET, in-12, br. ... 2 50

Théorie de l'Éducation par ROEHRICH, in-12, br. ... 2 50

Conférences faites au Havre, in-12, br. ... 4 50

L'école nouvelle par BEURDELEY, in-12 br. ... 1 50

De la morale dans l'éducation par Madame COIGNET, in-12 br. ... 3 »

Conférences pédagogiques, faites à la Sorbonne, en août 1878, aux instituteurs délégués, par MM. LEVASSEUR, BERGER, BROUARD, JOST, MAURICE GIRARD de BAGNAUX, docteur RIANT, MICHEL BRÉAL, LIES-BODARD, DUPAIGNE, BUISSON, 1 fort vol. in-12, br. ... 3 50

Conférences pédagogiques, de Paris en 1880. — Rapports et procès-verbaux, in-12, br. ... 2 »

Congrès pédagogique de 1881, in-12, br. ... 1 25

Le Congrès des instituteurs allemands, par G. JOST, in-12, br. ... 2 »

Conférence sur le mobilier scolaire par de BAGNAUX, in-12, br. ... 0 50

Enseignement par l'aspect par BERTON, in-12, br. ... 0 30

Guide des délégués cantonaux (le) pour la surveillance et l'inspection des établissements primaires, par E. d'OLLENDON, br. in-12 ... 0 30

Code manuel des délégués cantonaux et communaux, par CH. LHOMME et PIERRET, avec une introduction de CUISSART, 1 vol. in-12, br. ... 3 »

Le même, cart. toile anglaise... 3 50

Code manuel des membres des commissions municipales scolaires par CH. LHOMME, in-12, br. ... 3 »

Cart. toile ... 3 50

Ecoles primaires et salles d'asile, construction et installation, par FÉLIX NARJOUX, in-12, avec de nombreux plans et figures, br. ... 2 50

Ecoles publiques en Europe (les), Conférences de FÉLIX NARJOUX, in-18, br. 0 25

Ecoles normales primaires (les), par LE MÊME, 1 vol, in-8, br. ... 12 »

Règlement pour la construction et l'ameublement des maisons d'école, par LE MÊME, br. in-8 ... 0 50

Introduction de la méthode des salles d'asile dans l'enseignement primaire, conférences faites aux instituteurs réunis à la Sorbonne à l'occasion de l'Exposition de 1867, par Madame MARIE PAPE-CARPANTIER, in-12, br. ... 0 75

Les écoles maternelles, par Mlle MATRAT, in-12, br. ... 1 »

Pédagogie des travaux à l'aiguille, par Madame P.-W. COCHERIS, in-12, br. 3 »

L'Enseignement secondaire des filles par Madame LAMOTTE, in-12 br... 1 »

La loi sur l'organisation de l'enseignement primaire. Recueil de documents parlementaires relatifs à la discussion de cette loi à la Chambre des députés. 1 très fort volume in-8, br. ... 6 »

Etudes sur la vie et les travaux pédagogiques de J.-H. Pestalozzi par P. POMPÉE, premier directeur de l'école municipale Turgot, 1 vol. in-12, br. 4 »

Prades. — Imprimeries Réunies (C. Larrieu & Cie)

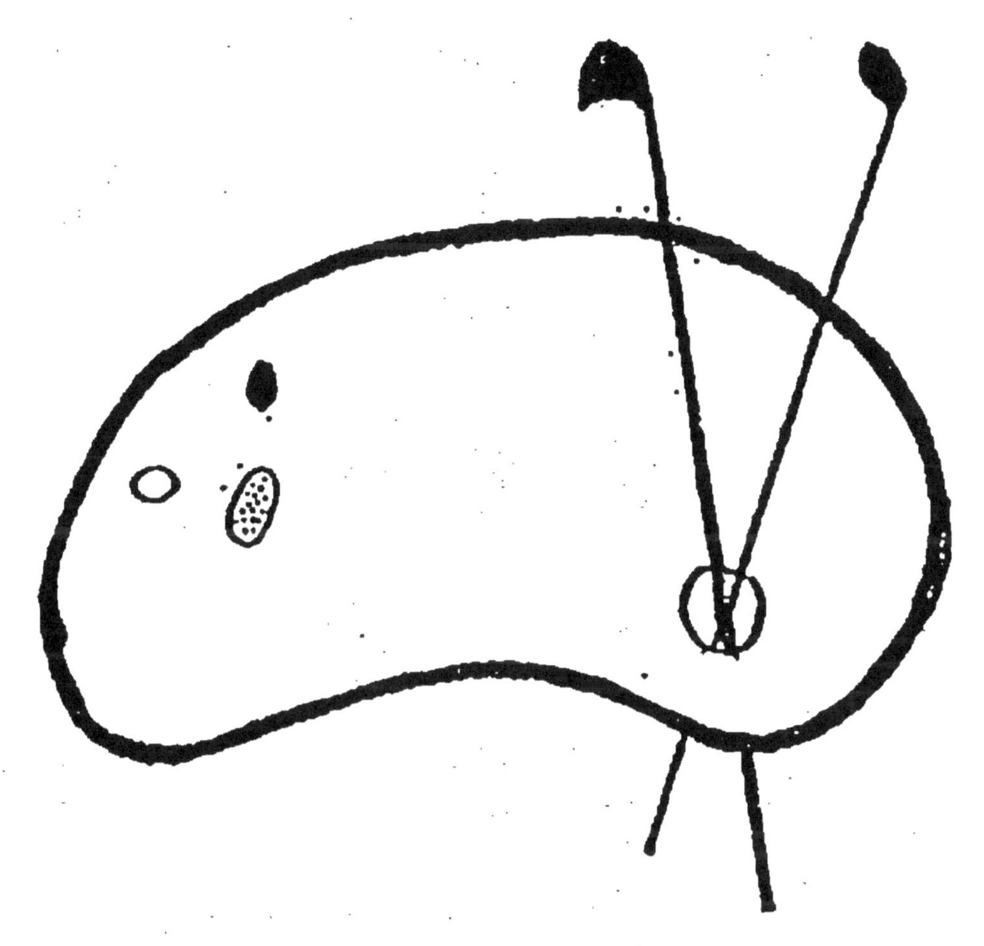

FIN D'UNE SERIE DE DOCUMENTS
EN COULEUR

GUIDE-PRATIQUE

A L'USAGE

DES INSTITUTRICES & DES INSTITUTEURS PUBLICS
DES MAIRES & DES DÉLÉGUÉS CANTONAUX

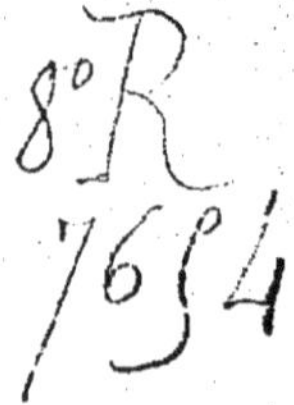

INSTRUCTION PRIMAIRE

ADMINISTRATION SCOLAIRE

GUIDE-PRATIQUE

A L'USAGE

DES INSTITUTRICES & DES INSTITUTEURS PUBLICS
DES MAIRES & DES DÉLÉGUÉS CANTONAUX

PAR

A. TAILLEFER

Inspecteur de l'Enseignement Primaire

HONORÉ D'UNE SOUSCRIPTION
Du Conseil Général des Pyrénées-Orientales

Deuxième édition, revue et augmentée

PARIS

LIBRAIRIE CH. DELAGRAVE, ÉDITEUR
15 — RUE SOUFFLOT, — 15

1886

PRADES. — IMPRIMERIES RÉUNIES (C. LARRIEU & Cie)

PRÉFACE

A Mesdames les Institutrices,

A Messieurs les Instituteurs,

Au moment où la pédagogie préoccupe tous les esprits, la partie administrative passe pour ainsi dire inaperçue. Elle a cependant sa place marquée et dans nos Ecoles normales et dans nos Ecoles primaires.

Chacun de vous serait heureux d'avoir constamment sous la main des renseignements précis, des conseils pratiques, soit au sujet des titres de capacité, soit à l'occasion des concours aux bourses d'enseignement primaire supérieur, soit en ce qui concerne la tenue du registre d'appel, du registre matricule, des registres des bibliothèques, etc.

Et, au point de vue des affaires communales, se rattachant au service de l'Instruction primaire, combien ignorent encore la manière d'établir les dossiers des constructions scolaires, des créations d'écoles, etc.

Les Manuels législatifs, qui se trouvent dans presque toutes nos bibliothèques pédagogiques, sont trop complets et partant au-dessus de vos moyens.

Voilà les mobiles qui m'ont déterminé à vous présenter un mémorandum contenant les choses essentielles, indispensables, se rapportant aux élèves, aux maîtres, aux titres de capacité, à l'administration scolaire et municipale, à la correspondance et à l'hygiène.

Ce sont les hésitations que vous avez montrées, les observations que vous m'avez faites, les renseignements que j'ai dû vous fournir qui m'ont suggéré ce petit travail.

Mon but sera largement dépassé si ce **Guide-Pratique** vous est de quelque utilité.

A. T.

Prades, le 27 novembre 1885.

AVERTISSEMENT POUR LA DEUXIÈME EDITION

Les critiques bienveillantes qui m'ont été faites et le précieux témoignage que m'a accordé le Conseil général des Pyrénées-Orientales dans sa séance du 8 mai 1886 m'ont encouragé à faire paraître une *deuxième édition*, revue et augmentée d'un grand nombre de tableaux et d'états modèles.

Accueilli avec faveur, je n'ai pas cru devoir modifier le plan adopté. J'ai donné à quelques parties certains développements nécessaires, remanié quelques paragraphes et, sauf quelques additions utiles, les changements opérés ne portent que sur des détails.

Tel qu'il est aujourd'hui, ce *Guide-Pratique* est, je crois, suffisant.

A. T.

Prades, le 14 juillet 1886.

APPRÉCIATIONS

Concernant la première édition du GUIDE-PRATIQUE

M. Taillefer, Inspecteur de l'enseignement primaire, vient de publier aux Imprimeries Réunies, chez M. Larrieu, à Prades, le *Guide-Pratique* des Institutrices, des Instituteurs et des délégués cantonaux.

Cet ouvrage est destiné à rendre d'utiles services à Messieurs les Instituteurs et Mesdames les Institutrices, qui y trouveront tous les renseignements et modèles relatifs à l'administration scolaire.

Nous le signalons à l'attention du personnel de l'enseignement primaire du département.

(Bulletin départemental des Pyrénées-Orientales, n° 49, décembre 1885).

« Monsieur l'Inspecteur..... J'ai pris connaissance de la brochure dans laquelle vous avez condensé avec beaucoup d'ordre, de méthode et de clarté les dispositions légales et réglementaires, qui ont trait à l'administration scolaire.

« Je vous adresse mes plus vives félicitations au sujet de ce travail.......

« F. ESCANYÉ,

« *Ancien député, Conseiller Général et Délégué Cantonal.*

« Perpignan, 10 mai 1886. »

« J'ai lu attentivement le *Guide-Pratique* à l'usage des Institutrices et des Instituteurs, etc..... dont vous êtes l'auteur.

« Désormais, par cette simple, précise et lucide brochure, je n'aurai plus besoin de tâtonner pour n'importe quelle affaire se rattachant au service de l'Instruction primaire.

« Vous avez comblé une lacune. Dans votre *Guide-Pratique* rien n'a été oublié et tout y est à sa place.

« Votre but, Monsieur l'Inspecteur, est largement dépassé, car votre mémorandum sera toujours d'une utilité incontestable, même pour les vieux maîtres, et surtout pour les jeunes qui sommes sortis d'une école normale sans posséder la moindre notion d'administration scolaire.

« Pour ma part, permettez-moi de vous remercier sincèrement du fond du cœur de cet intelligent travail et de votre zèle infatigable à alléger notre tâche.

« Veuillez agréer, etc.,

« CANTAGRIL,

« *Instituteur.*

« Osséjà, le 9 janvier 1886. »

« J'ai pris connaissance de votre *Guide-Pratique* à l'usage des Institutrices et Instituteurs publics, etc.,

« J'aurai ainsi constamment sous la main les renseignements, les conseils, les modèles se rapportant aux élèves, aux maîtres, aux titres de capacité, à l'administration scolaire et surtout à la correspondance.

« Cette œuvre sera accueillie par tous les membres de l'enseignement avec toute la faveur qu'elle comporte.

« Tous les Instituteurs en général vous sauront gré de votre travail, et, avec votre *Guide*, les nombreux rappels, le renvoi des pièces à fournir, seront toujours évités.

« Daignez agréer, etc.,

« TAJA,

« *Instituteur.*

« Err, le 10 janvier 1886. »

« Puisque c'est pour les Instituteurs et les Institutrices plus particulièrement que vous avez travaillé, permettez-moi de vous dire que vous êtes parfaitement compris.

« Outre la nouveauté de l'ouvrage, sa clarté et sa simplicité le feront estimer et aimer. Du côté pratique, votre *Guide* tient lieu de toutes les lois sur l'enseignement.

« Vous ne pouviez, Monsieur l'Inspecteur, lui donner un titre mieux approprié, et l'ouvrage lui-même ne s'écarte pas d'un mot de son titre.

« Désormais, l'Instituteur, désireux de bien faire, ne pourra se séparer de vous.

« Quel trésor pour les Instituteurs!

« Soyez assez bon, Monsieur l'Inspecteur, pour recevoir mes sincères félicitations.

« MIRAMONDE,

« *Instituteur.*

« Nahujà, le 10 janvier 1886. »

« J'ai lu avec la plus grande attention le *Guide-Pratique* que vous venez de faire paraitre.

« Je n'avancerai rien en disant que ce *Guide-Pratique* est destiné à rendre de grands services au corps enseignant. Je m'étonne, seulement, qu'aucun de vos prédécesseurs n'ait eu l'heureuse idée de réunir plus tôt, comme vous l'avez fait, les divers articles dont se compose notre administration scolaire. Vous avez comblé cette lacune et cela vous honore. Tous les maitres intelligents vous en sauront gré.

« Je n'essayerai pas d'analyser votre ouvrage, car tout y est bien coordonné, bien expliqué, bien commenté. Qu'il me suffise de citer l'article relatif au décompte du traitement éventuel. Après l'avoir lu, il n'est pas permis aux Instituteurs de se trouver en défaut ou au dépourvu, et chacun, à moins d'être dénué de bon sens, comprendra et établira naturellement et simplement le décompte.

« J'ai communiqué votre ouvrage à M. le Maire; il l'a aussi trouvé très bien et m'a prié de lui en faire tenir un exemplaire.

« Agréez, Monsieur l'Inspecteur, l'hommage de mes sincères félicitations.

« LAVERGNE,

« *Instituteur.*

« Trévillach, le 14 janvier 1886. »

« Permettez-moi, après un examen sérieux, de vous donner mon humble appréciation sur le *Guide-Pratique* que vous venez de faire paraitre.

« Cette œuvre, qu'aucun de vos devanciers n'avait eu l'heureuse inspiration de mettre à exécution, est destinée à rendre les plus grands services à tous les Instituteurs en général et d'une manière particulière aux novices qui ne sont pas encore initiés à la partie administrative de la pédagogie, surtout à une époque où l'enseignement primaire prend une si grande part dans la société.

« Avec votre mémorandum, plus de temps employé inutilement à faire des recherches; plus de renseignements à demander par correspondance pour tel ou tel objet; trêve à ces voyages fort coûteux quand le siège de l'Inspection se trouve assez éloigné de l'intéressé.

« L'Instituteur n'aura qu'à consulter votre *Guide* et sa voie sera toute tracée.

« Je souhaite, dans l'intérêt de mes collègues, qu'ils fassent bon accueil à cet ouvrage. Ce sera pour vous la meilleure récompense; car vous aurez la satisfaction de vous être rendu utile au corps enseignant du département en particulier et d'y avoir laissé le meilleur souvenir, si quelquefois vous le quittiez.

« Je suis, etc.

« DURAND,

« *Instituteur.*

« Taurinya, le 11 février 1886. »

GUIDE-PRATIQUE

A L'USAGE

DES INSTITUTRICES & DES INSTITUTEURS PUBLICS

DES MAIRES & DES DÉLÉGUÉS CANTONAUX

ÉLÈVES

Ecole primaire publique. — Pour être admis dans une école primaire publique les enfants doivent avoir été vaccinés et âgés de 6 ans accomplis et de 14 ans moins un jour.

« Dans les communes qui n'ont pas d'école maternelle, l'âge d'admission sera abaissé à 5 ans. »

En dehors de cette limite, et avant d'admettre les élèves, l'Instituteur ou l'Institutrice doit adresser une demande motivée à l'Inspecteur d'académie et y joindre, en double expédition, un tableau conforme au modèle ci-dessous :

Commune d *Ecole publique d*

NOM & PRÉNOMS des ENFANTS	NAISSANCE		MOTIF D'ADMISSION	NOMBRE des ÉLÈVES de 6 A 13 ANS	CLASSE	
	DATE	LIEU			SURFACE	VOLUME

A..... le..... *L'Institut.....*

Enfants étrangers à la commune. — Aucun enfant étranger à la commune ne peut être admis dans une des Ecoles publiques, s'il n'est muni d'une autorisation écrite du Maire *(Circulaires du 21 août 1876 et du 16 mars 1877).*

Modèle. — Le Maire de la commune d..... autorise l..... jeune (*noms, prénoms, âge de l'enfant)* de la commune de..... à fréquenter l'école publique de ma commune, dirigée par M.....

(*Sceau*) A..... le..... *Le Maire,*

Certificat d'études primaires. — Tout enfant âgé de 11 ans accomplis, le jour de l'ouverture de la session, peut se présenter à l'examen du Certificat d'études primaires *(Art. 6, loi du 28 mars 1882. — Décret du 27 juillet 1882. Aucune dispense ne peut être accordée.)*

L'Instituteur doit faire parvenir à l'Inspection primaire, du 1er au 15 mai, un état conforme au modèle ci-dessous, des élèves qui désirent se présenter.

Commune d *Ecole publique d*

NOM & PRÉNOMS des CANDIDATS	NAISSANCE		RÉSIDENCE des PARENTS	SIGNATURE DES CANDIDATS
	DATE	LIEU		

Vu et vérifié, A..... le.....

(Sceau) *Le Maire,* *L'Institut.....*

Ecole primaire supérieure. — Nul ne peut obtenir une bourse dans une école primaire supérieure s'il n'est pourvu du certificat d'études primaires et s'il n'a subi, avec succès, un examen spécial.

Pour se présenter à cet examen, les candidats doivent se faire inscrire, dans les bureaux de l'Inspection académique, du 20 mars au 10 avril. Chacun d'eux doit produire à l'appui de sa demande :

1° Son acte de naissance.

2° Son certificat d'études primaires.

3° Un certificat de vaccine.

4° Un certificat de bonne conduite signé par le chef de l'établissement où il a fait ses études *(Art 4, arrêté ministériel du 3 janvier 1882)*.

5° Une demande écrite ou signée par son père ou son tuteur tendant à obtenir la concession d'une bourse *(Circulaire ministérielle du 5 février 1885)*.

6° Un bulletin indicatif des ressources annuelles des parents.

7° La liste, en ce qui concerne la famille, des enfants vivants, l'âge de chacun et, s'il y a lieu, la profession des aînés.

Ces deux dernières pièces doivent être certifiées par le Maire de la commune *(Circulaire ministérielle du 10 mars 1886)*.

Les candidats sont divisés en deux séries : La première pour les candidats âgés de 12 à 14 ans au plus le premier octobre de l'année de l'examen; la seconde pour les candidats, âgés de 14 ans à 16 ans au plus, le premier octobre de l'année de l'examen.

1re Série *(garçons et filles)*, (de 12 à 14 ans). — 1° Dictée d'orthographe servant d'épreuve d'écriture (de 9 heures à 10 heures du matin);

2° Composition d'arithmétique (de 10 heures à 11 heures et demie du matin) ;

3° Composition française (de 1 heure et demie à 3 heures de l'après-midi).

2e Série (*garçons et filles*, de 14 à 16 ans). — 1° Dictée d'orthographe servant d'épreuve d'écriture (de 9 heures à 10 heures du matin) ;

2° Composition française (de 10 heures à midi) ;

3° Composition de dessin (de 1 heure et demie à 3 heures et demie de l'après-midi) ;

4° Composition d'arithmétique et de géométrie plane (de 3 heures et demie à 5 heures et demie du soir).

NOTA. — *Il est bon de consulter, en ce qui concerne l'examen, l'art. 7 de l'arrêté ministériel du 3 janvier 1882.*

Certificat d'études primaires supérieures. — « A la fin de chaque année scolaire s'ouvrira, dans chaque département, une session d'examen pour l'obtention du certificat d'études primaires supérieures. La date de l'examen est fixée un mois à l'avance. »

Les candidats doivent se faire inscrire dans les bureaux de l'Inspection académique quinze jours au moins avant l'ouverture de la session et adresser, avec leur demande, leur acte de naissance.

Ecoles normales primaires. — « Tout candidat à l'école normale doit justifier, au moment de son inscription, qu'il avait, au 1er janvier de l'année dans laquelle il se présente, quinze ans au moins, dix-huit ans au plus, et qu'il est pourvu du certificat d'études primaires institué par l'arrêté du 16 juin 1880. »

« Toutefois le ministre pourra, par une décision spéciale, autoriser l'inscription de candidats âgés de plus de dix-huit ans et pourvus du certificat d'études primaires. *Aucune autre dispense ne sera accordée.* » *(Art. 17, décret du 29 juillet 1881.)*

Le dossier à transmettre du 1er au 31 janvier doit être ainsi composé :

1°. La demande d'inscription adressée à l'Inspecteur d'académie.

2° L'acte de naissance.

3° Le certificat du médecin constatant que le candidat a été vacciné et qu'il n'est atteint d'aucune infirmité ou d'aucun vice de constitution qui le rende impropre à l'enseignement.

4° L'engagement décennal, consenti par le père ou le tuteur, dont voici le modèle :

MODÈLE D'ENGAGEMENT DU CANDIDAT. — *(Papier timbré de 0,60)*. Je soussigné (*nom, prénoms conformes à l'acte de naissance*), né à (*commune, département*), le (*date exacte*), demeurant à....., candidat à l'école normale d'Institut.....d..... (*département*), déclare prendre l'engagement de servir pendant dix ans dans l'enseignement public.

A.... le.....

Vu pour la légalisation de la signature apposée ci-contre. (*Signature*).

(*Sceau*). A..... le..... *Le Maire,*

Modèle d'engagement du père ou du tuteur. — *(Sur la même feuille).* Je soussigné (*nom, prénoms, qualité*), demeurant à....., département de....., autorise par les présentes M..... (*nom, prénoms du candidat conformes à l'acte de naissance*), m..... fil..... (*ou pupille*), à contracter l'engagement de servir pendant dix ans dans l'enseignement public, m'engageant à rembourser les frais d'études, dans le cas où (*il, elle*) quitterait volontairement l'école, ou en serait exclu..... pour raison disciplinaire, comme aussi dans le cas où (*il, elle*) renoncerait aux fonctions d'enseignement avant la résiliation de son engagement.

A..... le.....

Vu pour la légalisation de la signature apposée ci-contre. *(Signature).*
Sceau). A..... le..... *Le Maire,*

Nota. — *Les signatures du Maire ou des Maires doivent être légalisées par le Sous-Préfet de l'arrondissement ou par le Préfet du Département.*

TITRES DE CAPACITÉ

Brevet élémentaire (*Hommes et femmes*). — « Pour se présenter aux examens du brevet élémentaire, tout candidat doit avoir seize ans au 1er janvier de l'année dans laquelle il se présente. » (*Article 3, décret du 30 décembre 1884*).

« Les sessions réglementaires ont lieu chaque année et dans chaque département aux époques ci-après déterminées. »

Mois de juillet et d'octobre, *1er lundi pour les aspirantes; — 3me lundi pour les aspirants, à 7 heures du matin.*

« Les candidats doivent se faire inscrire à l'Inspection académique quinze jours au moins avant l'ouverture de la session et joindre à leur demande d'inscription (*rédigée sur nne feuille de papier timbré de 0 fr. 60 c.*), écrite et signée par eux :

« 1° Un extrait de leur acte de naissance.

« 2° Une note faisant connaître leur domicile.

« Le candidat refusé à une session peut toujours se présenter à la première session ordinaire ou extraordinaire qui suit. » (*Article 9, décret précité.*)

« L'examen comprend trois séries d'épreuves. » (*Arrêté du 30 décembre 1884.*)

Épreuves de la première série. — 1° Une dictée d'orthographe d'une page environ; 2° Une page d'écriture à main posée, comprenant une ligne en gros dans chacun des trois principaux genres (*cursive, bâtarde et ronde*), une ligne de cursive en moyen, quatre lignes de cursive en fin; 3° Un exercice de composition française (*lettre ou récit d'un genre très simple, explications d'un proverbe, d'une maxime, d'un précepte de morale ou d'éducation*); 4° Une question d'arithmétique et de système métrique et la solution raisonnée d'un problème comprenant l'application des quatre règles (*nombres entiers, fractions, mesures de surface et des volumes simples*).

Épreuves de la deuxième série. — 1° Lecture appliquée : la lecture se fera dans un recueil de morceaux choisis en prose et en vers; des questions seront adressées aux candidats sur le sens des mots, la liaison des idées, la construction et la grammaire; 2° Questions d'arithmétique et de système métrique; 3° Questions sur les éléments de l'histoire nationale et de l'instruction civique, sur la géographie de la France avec tracé d'une carte au tableau noir; 4° Questions et exercices très élémentaires de solfège; 5° Questions sur les notions les plus élémentaires des sciences physiques et naturelles dans leurs rapports avec l'agriculture et l'horticulture.

Épreuves de la troisième série. — 1° Exécuter à main levée un croquis côté d'un objet usuel de forme très simple (*plan, coupe, élévation*); 2° Exécuter les exercices les plus élémentaires de gymnastique prévus par le programme des écoles primaires. Les aspirantes devront : 1° Exécuter un dessin au trait d'après un objet usuel; 2° Exécuter sous la surveillance de dames les travaux à l'aiguille prescrits par l'article premier de la loi du 28 mars 1882.

Brevet supérieur. — « Pour se présenter devant une commission d'examen en vue d'obtenir le BREVET SUPÉRIEUR, tout candidat doit justifier de la possession du BREVET ÉLÉMENTAIRE et avoir DIX-HUIT ANS ACCOMPLIS à l'ouverture de la session dans laquelle il se présente. » (*Article 4, décret précité.*)

En ce qui concerne l'inscription, il faut fournir les pièces énumérées dans le cas précédent.

« Les candidats qui réunissent les conditions énumérées ci-dessus peuvent subir les épreuves du BREVET SUPÉRIEUR dans la même session que celle du brevet élémentaire, s'ils en font la demande au moment de leur inscription. » (*Article 7, décret précité.*)

Les sessions ont lieu les 2me lundi de juillet et d'octobre pour les filles; les 4me lundi de juillet et d'octobre pour les garçons (*à 7 heures du matin*).

Toutes les épreuves du brevet supérieur, soit écrites, soit orales, doivent être subies dans une même session. » (*Article 17, arrêté du 30 décembre 1884.*)

Epreuves de la première série. — 1° Une composition comprenant deux questions : l'une sur l'arithmétique (*et en outre sur la géométrie appliquée aux opérations pratiques, pour les aspirants seulement*), l'autre sur les sciences physiques ou naturelles avec leurs applications les plus usuelles à l'hygiène, à l'industrie, à l'agriculture et à l'horticulture; 2° Une composition française *littérature ou morale*; 3° Une composition en dessin, d'après un modèle en relief.

Epreuves de la deuxième série. — 1° Questions sur la morale et l'éducation; 2° Langue française, lecture expliquée d'un auteur français pris sur une liste, qui sera dressée tous les trois ans par le Ministre et publiée un an à l'avance; des questions d'histoire littéraire limitée aux principaux auteurs du XVIe au XIXe siècle seront posées aux candidats à l'occasion de cette lecture; 3° Histoire de France depuis 1610 et éléments d'histoire générale depuis la même date; Géographie de la France et notions de géographie générale; 4° Arithmétique appliquée aux opérations pratiques, tenue des livres, et, en outre *(pour les aspirants seulement)*, notions très élémentaires de calcul algébrique, éléments de géométrie, arpentage et nivellement; 5° Notions de physique, de chimie et d'histoire naturelle, et, en outre *(pour les aspirants seulement)*, d'agriculture et d'horticulture; 6° Traduction à livre ouvert d'une vingtaine de lignes d'un texte facile anglais, allemand, italien, espagnol ou arabe, au choix du candidat.

Certificat d'aptitude pédagogique. — « Les candidats au CERTIFICAT D'APTITUDE PÉDAGOGIQUE doivent avoir au moins VINGT-UN ANS RÉVOLUS AU MOMENT DE LEUR EXAMEN et justifier de DEUX ANS D'EXERCICE AU MOINS dans l'enseignement public ou libre. » *(Article 5, décret du 30 décembre 1884.)*

« La session réglementaire a lieu au mois d'avril. »

Les candidats doivent se faire inscrire à l'Inspection académique QUINZE JOURS au moins avant l'ouverture de la session et joindre à l'appui de leur DEMANDE D'INSCRIPTION *(rédigée sur une feuille de papier timbré de 0 fr. 60 c.)*, ÉCRITE ET SIGNÉE PAR EUX :

1° Le diplôme du brevet de capacité;

2° Un certificat de l'Inspecteur d'académie attestant qu'ils ont enseigné au moins pendant deux ans dans des établissements publics ou libres. *(Article 8, décret précité.)*

L'examen du certificat d'aptitude pédagogique comporte :

1° Une composition française sur un sujet relatif à la tenue et à la direction d'une école; cette épreuve est éliminatoire; 2° Une leçon très simple faite de vive voix par le candidat dans les limites du programme de l'un des trois cours de l'école primaire élémentaire; 3° La correction d'un devoir d'élève désigné par le jury et l'appréciation d'un cahier de devoirs mensuels; 4° Des questions de pédagogie pratique et élémentaire seront posées aux candidats à l'occasion des épreuves précédentes.

Certificat d'aptitude à la direction des Ecoles maternelles. — « Les aspirantes au CERTIFICAT D'APTITUDE A LA DIRECTION DES ÉCOLES MATERNELLES doivent avoir au moins VINGT-UN ANS AU MOMENT DE LEUR EXAMEN. Cette condition d'âge ne sera pas imposée aux aspirantes déjà pourvues du brevet élémentaire. » *(Article 6, décret du 30 décembre 1884.)*

Les pièces à fournir sont les mêmes que pour le brevet de capacité.

« Aucune dispense d'âge ni de stage ne pourra être accordée pour aucun examen.

« Les années passées dans les écoles normales comptent comme années de stage. » *(Article 7, décret du 30 décembre 1884.)*

L'examen comprend trois sortes d'épreuves :

Epreuves écrites. — 1° Une dictée d'orthographe de vingt lignes environ tirée d'un texte simple et facile ; la dictée sert d'épreuve d'écriture ; 2° La solution raisonnée de deux questions d'arithmétique portant sur les applications du calcul et du système métrique ; 3° Une rédaction d'un genre simple (*lettre, récit, rapport*) ; 4° Un dessin au trait sur l'ardoise, d'après un objet usuel ; 5° Exécution de travaux à l'aiguille.

Epreuves orales. — 1° Principes d'éducation morale ; 2° Lecture, explications de texte et questions de grammaire ; 3° Géographie, notions générales, géographie de la France ; 4° Histoire de France (*grands faits et grands hommes*) ; 5° Notions élémentaires d'histoire naturelle et d'hygiène applicables aux leçons de choses ; 6° Chant (*un exercice sur un chant très simple*).

Examen pratique. — L'aspirante doit remplir les fonctions de directrice pendant un certain temps (*une demi-heure par exemple*) et celle de sous-directrice pendant l'autre partie de l'épreuve.

Les Aspirantes déjà munies du Brevet n'auront à subir que les épreuves de l'examen pratique pour obtenir le certificat à la direction des écoles maternelles (art. 22).

MAITRES

Instituteurs primaires. — Aux termes des articles 25 et 26 de la loi du 15 mars 1850, « tout Français — jouissant des droits et des prérogatives attachées à ce titre — âgé de vingt-un ans accomplis, peut exercer les fonctions d'Instituteur public ou libre s'il est muni d'un BREVET DE CAPACITÉ. »

Pour exercer les fonctions d'Instituteur-adjoint (ou *Institutrice-adjointe*), il faut aussi être Français, jouir des droits et des prérogatives attachés à ce titre et être âgé de dix-huit ans accomplis.

Incompatibilités. — « Toute profession industrielle ou commerciale est absolument interdite aux Instituteurs et Institutrices publics. »

Secrétariat de Mairie. — « Il leur est encore interdit d'exercer aucune fonction administrative sans l'autorisation du conseil départemental. » (*Article 32 de la loi du 15 mars 1850.*)

D'où il résulte que lorsqu'un Maire propose à un Instituteur l'emploi de secrétaire, celui-ci doit adresser à l'Inspecteur d'académie une demande d'autorisation *visée par le Maire*. Cette formalité est indispensable pour que sa demande soit soumise au Conseil Départemental.

« Le Conseil supérieur n'a pas méconnu, sans doute, les services que les Instituteurs peuvent être appelés à rendre aux administrations municipales, et il n'entre point non plus dans ma pensée de priver les Maires d'auxiliaires aussi utiles.

« Il a remarqué, toutefois, que les occupations du secrétariat ne sont pas toujours réglées de manière à concilier suffisamment les devoirs de l'Instituteur avec les fonctions administratives. Il a donc considéré, avec raison, que l'autorisation accordée par le Conseil départemental, conformément à l'article 32 de la loi du 15 mars 1850, ne pouvait en aucun cas permettre aux Instituteurs de s'occuper pendant la classe de travaux étrangers à l'enseignement. Et je partage absolument cet avis...

« Si des maîtres encourraient quelques reproches à cet égard, vous ne devriez pas hésiter à proposer au Conseil départemental de leur retirer l'autorisation qui leur aurait été précédemment accordée.

« J'aime à penser, d'ailleurs, que ceux d'entre messieurs les Maires qui ont choisi des Instituteurs pour secrétaires s'abstiendront d'exiger de ces derniers tout travail qui serait de nature à entraver la direction de leur école, et contraire, par suite, aux prescriptions du règlement. » (*Circulaire ministérielle du 24 juillet 1875.*)

Registre que doivent tenir les Directeurs ayant des adjoints. — Les Directeurs et Directrices des Ecoles à plusieurs classes sont tenus d'inscrire leurs adjoints sur un registre spécial dont les pages seront établies conformément au modèle ci-dessous :

Commune d *Ecole publique d*

NOM et PRÉNOMS	NAISSANCE		NATURE du BREVET	CONDUITE	CARACTÈRE et APTITUDE	DURÉE DES FONCTIONS
	DATE	LIEU				Entré le Sorti le

Service militaire. — « Sont, à titre conditionnel, dispensés du service militaire, les membres de l'Instruction publique.... dont l'engagement de se vouer pendant dix ans à la carrière de l'enseignement aura été accepté par le Recteur de l'Académie, avant le tirage au sort, et s'ils réalisent cet engagement. » (*Article 20 de la loi du 27 juillet 1872 sur le recrutement de l'armée.*)

En transmettant sa demande, tout Instituteur qui sollicite cette dispense doit adresser au Rectorat, par l'intermédiaire de l'Inspection académique :

1° Son acte de naissance;

2° Une copie de l'arrêté préfectoral de nomination visée et certifiée par le Maire;

3° Un engagement conforme à la formule suivante :

Papier timbré de 0 fr. 60). Je soussigné (*nom, prénoms conformes à l'acte de naissance*), né à..... département d..... le..... (*indiquer ici la nature des fonctions, le lieu de la résidence, la date de la nomination, le traitement*) appelé à satisfaire à la loi sur le recrutement de l'armée, déclare contracter devant M. le Recteur de l'académie d...., conformément à l'article 20 de la loi du 27 juillet 1872, l'engagement de me vouer pendant dix ans à l'enseignement.

Fait à..... le.....

Vu pour la légalisation de la signature apposée ci-contre, (*Signature.*)

(*Sceau*) A..... le..... *Le Maire,*

Si le contractant est mineur, le père ou le tuteur, doit souscrire, sur la même feuille, l'engagement suivant :

Je soussigné (*nom et prénoms*), demeurant à...., département d...., autorise par les présentes M..... (*nom, prénoms, qualité, résidence*), mon (*fils* ou *pupille*), à contracter devant M. le Recteur de l'Académie d....., conformément à l'article 20 de la loi du 27 juillet 1872, l'engagement de se vouer pendant dix ans à l'enseignement.

Vu pour la légalisation de la signature apposée ci-contre, (*Signature.*)

Fait à..., le....

(*Sceau.*) A..... le..... *Le Maire,*

NOTA. — *Les signatures du Maire ou des Maires doivent aussi être légalisées par le Sous-Préfet ou par le Préfet.*

Nomination, Installation. — Les Instituteurs communaux sont nommés par le Préfet du département.

Dès qu'un Instituteur est nommé, en vertu d'un arrêté préfectoral, il doit se rendre, le plus tôt possible, à son poste et se faire installer par le Maire. Il adressera immédiatement, à l'Inspection académique, le procès-verbal de son installation.

Traitement. — Les Instituteurs titulaires sont divisés en quatre classes :

4me classe.........	900	francs traitement	minimum.
3me —	1.000	—	—
2me —	1.100	—	—
1re —	1.200	—	—

Les institutrices titulaires sont divisées en trois classes :

3me classe.........	700	francs traitement	minimum.
2me —	800	—	—
1re —	900	—	—

Les Instituteurs-adjoints sont divisés en deux classes :

Adjoints dirigeant une école de hameau...	800	francs	minimum.
Adjoints attachés à une école..........	700	—	—

Les Institutrices-adjointes sont divisées en deux classes :

Adjointes dirigeant une école de hameau..	650	francs	minimum.
Adjointes attachées à une école.........	600	—	—

Traitement garanti. — « Le traitement des Instituteurs et Institutrices titulaires et adjoints, actuellement en exercice, ne pourra, dans aucun cas, devenir inférieur aux plus élevés des traitements dont ils auront joui pendant les trois années qui auront précédé l'application de la présente loi. » (*Article 6 de la loi du 16 juin 1881.*)

On a fait entrer en ligne de compte les trois dernières années liquidées, c'est-à-dire 1878-1879-1880, et les quelques maîtres qui figuraient, en 1881, sur l'état mensuel des Inspecteurs d'académie pour un traitement supérieur à celui des années précédentes, ce traitement de 1881 leur a été maintenu. (*Circulaire du 16 août 1881.*)

Allocations diverses. — 100 francs aux Instituteurs et aux Institutrices pourvus du brevet supérieur (*ayant le minimum*) ; 50 francs aux Instituteurs et aux Institutrices compris dans le deuxième huitième de la liste de mérite; 100 francs aux Instituteurs et aux Institutrices compris dans le premier huitième de la liste de mérite.

NOTA. — *Ces allocations, ainsi que les allocations communales, suppléments facultatifs, font partie du traitement et sont passibles des retenues acquises au Trésor.*

L'allocation de 100 francs accordée aux titulaires de la médaille d'argent n'est pas soumise à la retenue.

Promotion de classe. — « L'Instituteur ou l'Institutrice qui débute comme titulaire appartient à la dernière classe. »

« La promotion à une classe supérieure est de droit après cinq ans passés dans la classe immédiatement inférieure et ne peut avoir lieu avant l'expiration de cette période. » (*Article 2, loi du 19 juillet 1875.*)

Les Instituteurs et les Institutrices qui ont droit à une promotion de classe doivent adresser à leur Inspecteur d'académie, avant le 31 janvier de l'année pendant laquelle ils doivent être promus, une note indiquant la date exacte de leur nomination antérieure avec la résidence qui leur fut affectée. Cette note doit être accompagnée d'un certificat d'exercice dans le cas où leur dernière nomination aurait eu lieu dans un département autre que celui dans lequel ils sont actuellement en fonctions.

Congés. — « L'Instituteur ne peut ni intervertir les jours de classe, ni s'absenter sans y avoir été autorisé par l'Inspecteur primaire. »

Dans l'un et l'autre cas, il est donc tenu d'adresser une demande écrite, motivée, à son chef et d'attendre l'autorisation dont il doit donner avis aux autorités locales.

« Si l'absence doit durer plus de trois jours, l'Instituteur est tenu d'adresser sa demande à l'Inspecteur d'académie. »

« Enfin, si le congé doit avoir une durée de plus de huit jours, la demande doit être adressée au préfet.

« Cependant, dans les circonstances graves et imprévues (*Maladie, décès*...), l'Instituteur pourra s'absenter sans autre condition que de donner immédiatement avis de son absence aux autorités locales et à l'Inspecteur primaire. »

Les demandes de congé, pour cause de maladie, doivent toujours être accompagnées d'un certificat de médecin dûment légalisé (*papier libre*).

Mutations dans le personnel — Exéat. — « Monsieur le Préfet, mon attention a été appelée à diverses reprises sur les difficultés auxquelles donnent lieu les nominations d'Instituteurs et d'Institutrices, faites dans d'autres départements que celui dans lequel exercent ces maîtres et ces maîtresses.

« Il arrive souvent que, pour obtenir un poste mieux rétribué ou plus rapproché de leur famille, des Instituteurs adressent une demande d'emploi à l'administration d'un département voisin, sans prendre la peine d'en avertir leurs supérieurs hiérarchiques, et que l'Inspecteur d'académie accueille cette demande sans consulter et même sans prévenir son collègue du département où ces maîtres étaient en fonctions.....

« Je crois devoir vous rappeler que la circulaire ministérielle du 13 mai 1861 impose à tout Instituteur l'obligation d'obtenir un exéat avant de quitter son poste, et cette prescription me semble suffisante pour éviter le renouvellement des abus qui me sont signalés.

« Je vous prie, en conséquence, Monsieur le Préfet, de ne procéder à l'avenir à aucune nomination d'Instituteurs provenant d'un autre département, sans vous assurer que ces maîtres sont pourvus d'une lettre d'exéat délivrée par le Préfet de ce département.

« Tout maître qui abandonnerait son poste sans exéat s'exposerait aux peines disciplinaires prévues par l'article 30 de la loi du 15 mars 1850 ». (*Circulaire ministérielle du 11 septembre 1880.*)

ADMINISTRATION MUNICIPALE

RELATIVE A L'INSTRUCTION PRIMAIRE

L'Instituteur, même dans les communes où il ne remplit pas les fonctions de secrétaire de mairie, doit veiller à la formation des dossiers concernant le service de l'Instruction primaire. C'est le moyen le plus sûr d'activer la correspondance, d'épargner les rappels toujours ennuyeux pour celui qui les adresse et fâcheux pour celui qui les reçoit.

Locaux scolaires. — « Toute commune est tenue de pourvoir à l'établissement de maisons d'école au chef-lieu et dans les hameaux ou centres de population éloignés du dit chef-lieu ou distants les uns des autres de trois kilomètres et réunissant un effectif d'au moins vingt enfants d'âge scolaire. » (*Article 8, loi du 20 mars 1883. — Voir à l'article spécial : Construction scolaire.*)

Locaux loués. — « Les frais de location de l'immeuble constituent pour la commune une dépense obligatoire..... Il est pourvu à la dépense, soit par un prélèvement sur les ressources disponibles de la commune..... soit par des subventions du département et de l'Etat. » (*Article 9.*)

Irrégularités — « Les communes, non encore propriétaires de leur maison d'école, ne pourront obtenir une subvention applicable aux loyers scolaires ou aux indemnités de logement qu'après avoir fait emploi du cinquième, institué par l'article 3 de la loi du 16 juin 1881. » (*Circulaire du 9 janvier 1886.*)

I. « Les conventions verbales ne suffisent point. Il faut nécessairement un bail écrit ». (*Voir le modèle ci-après.*)

II. « Désintéressées dans la question financière, puisque la dépense est payée par le Trésor, les municipalités cèdent trop facilement aux exigences des propriétaires. De là, des prix de loyer exagérés, doubles, triples, et même quadruples de la valeur locative de l'immeuble. De là également l'augmentation générale de la dépense à chaque renouvellement de convention. » Il est du devoir d'un maire de sauvegarder les intérêts du Trésor.

III. « Aucune subvention ne peut être accordée ni pour des frais d'actes, de contributions, de réparations locatives, d'entretien du mobilier, ni pour l'installation de services étrangers à l'école. »

IV. « Il n'est point permis à une commune d'agrandir, d'approprier ou d'aménager un local communal — *et à plus forte raison un local particulier* — en faisant payer les dépenses nécessaires pour ces différentes améliorations en les déguisant sous la rubrique *loyer*. »

V. « Outre les irrégularités proprement dites, je dois vous signaler la tendance de certaines municipalités et principalement de celles qui, n'ayant pas de *cinquième à fournir*, croient pouvoir puiser d'autant plus aisément dans la caisse de l'Etat. Il s'en trouve qui, dans des circonstances où il serait possible, avec quelque bonne volonté, d'agrandir, d'approprier ou d'aménager, par exemple, une ou deux pièces pour les classes ou des logements, de déplacer ou de restreindre un service étranger, préfèrent recourir à ce que les municipalités fassent exécuter les travaux qu'exigent les besoins du service. Les frais de loyers de locaux provisoires, qui constituent une dépense extraordinaire, devront, à défaut de ressources communales disponibles, être compris dans le devis des travaux d'appropriation. »

VI. « Ce ne peut être que dans les circonstances tout à fait exceptionnelles, que je me réserve d'apprécier, qu'une subvention de l'Etat sera accordée pour le payement des indemnités de logement aux Instituteurs. Certaines communes ont confondu ces indemnités avec les suppléments facultatifs de traitement qu'elles votaient précédemment en faveur des Instituteurs et porté la dépense totale à leurs budgets sous le titre « d'indemnité de logement. » De telle sorte que, par un simple changement de titre, une dépense qui leur incombait exclusivement pouvait retomber à la charge du Trésor. Quelques communes même ont essayé de donner ou plutôt de faire donner par l'Etat une « indemnité de logement » à un Instituteur déjà logé. » Ce sont là des irrégularités qu'il ne faut point commettre. »

VII. — « A défaut de dispositions formelles qui les réservent pour une affectation spéciale, les dons et legs doivent être employés aux dépenses diverses de l'Instruction primaire, au nombre desquelles figurent, en première ligne, les frais de location de maisons d'école ou les indemnités de logement, dépenses que les communes ont cru pouvoir laisser à la charge de l'Etat quand bien même elles avaient des dons ou des legs leur permettant d'y faire face. » (*Circulaire du 9 janvier 1886.*)

Bail à loyer. — Pour contracter un acte de bail, le Maire doit y être autorisé par une délibération motivée du Conseil municipal.

L'acte de bail, dressé en triple expédition, dont une sur timbre de 0 fr. 60, doit clairement indiquer :

1° Le détail de chacune des réparations qu'il convient de faire effectuer aux frais du propriétaire de l'immeuble, en ayant soin de ne point omettre les lieux d'aisance auxquels on ne songe pas la plupart du temps;

2° La surface, le volume, le nombre des portes et fenêtres, l'orientation de la salle destinée au service de la classe;

3° Le nombre et la nature des pièces affectées au logement du maître;

4° La clause suivante : *Le bail cessera d'avoir son effet dès que la commune n'aura plus d'Institut..... et le jour où elle deviendra propriétaire d'un local scolaire.*

Projet de bail. — L'an (*en toutes lettres*) et le (*en toutes lettres*) entre nous (*nom, prénoms, qualité de l'acceptant*) agissant en vertu d'une délibération du conseil municipal en date du..... d'une part,

Et le sieur (*nom, prénoms, qualité du bailleur*) d'autre part,

A été convenu ce qui suit :

Le sieur..... cède, à titre de bail à ferme et non autrement, à M..... (*nom et qualité*) acceptant pour l'espace de (*en lettres*) ans qui commenceront le (*en toutes lettres*) et finiront le (*en toutes lettres*) un immeuble situé à..... confrontant au N avec....., au S avec..... à l'E avec..... à l'O avec..... Le tout destiné au service (*de la salle de classe, du logement de l'Institut...., de la cour, etc.*)

Cet immeuble se compose :

1° (*Indiquer ici les dimensions, longueur, largeur, hauteur, surface, volume, le nombre des portes et fenêtres, l'orientation de la salle de classe*).

2° (*Indiquer les dimensions de la cour, du jardin.*)

3° (*Indiquer le nombre, la nature, les dimensions, l'orientation de chacune des pièces devant composer le logement particulier de l'Institut.....*)

Le sieur..... s'engage à faire les réparations suivantes :

(*Indiquer ici, l'une après l'autre, toutes les réparations qu'il convient de faire exécuter, aux frais du propriétaire bien entendu, en ayant soin de ne point omettre les lieux d'aisance. Entrer dans les détails et, au besoin, fournir un petit devis à l'appui. L'administration pourra toujours forcer le propriétaire à exécuter les clauses prescrites dans le cas où le bail recevrait l'approbation préfectorale avant l'achèvement complet des travaux.*)

Le présent bail est passé moyennant un prix annuel de location fixé à la somme de (*en toutes lettres*) qui sera payée par (*trimestre ou par semestre*) sur la présentation de mandats délivrés par le Maire.

Le bail ne sera valable qu'après l'approbation de M. le Préfet et il cessera d'avoir son effet dès que la commune n'aura plus d'Institut..... et le jour où elle deviendra propriétaire d'un local scolaire.

Fait à..... le.....

Le Bailleur, (Sceau) *Le Maire,*

En même temps que le Maire fait tenir le dossier à la Sous-Préfecture (*délibération précitée et bail épinglés ensemble*), l'Instituteur, de son côté, adresse à l'Inspecteur primaire : 1° Une note indiquant les avantages et les inconvénients que présente le local offert à l'administration par la municipalité; 2° Un plan du local, *les lieux d'aisance compris*, à l'échelle de 0^{m}01 par mètre; 3° Le prix auquel est consenti le bail actuel, ainsi que le prix auquel avait été consenti le bail précédent; 4° La valeur de l'immeuble loué par la commune (*en indiquer le montant*).

Demande de secours pour matériel scolaire. — Les dossiers de cette nature doivent invariablement se composer de la manière suivante, soit que la commune s'adresse à l'Etat, soit qu'elle demande des subsides au département :

1° Une délibération, BIEN MOTIVÉE, indiquant le montant total de la dépense projetée, la PART CONTRIBUTIVE de la commune et la QUOTITÉ DU SECOURS demandé;

2° Les copies des budgets primitif et additionnel;

3° Un extrait de la situation financière de la commune, délivré gratuitement par le percepteur et certifié par le Maire;

4° Les plans et devis du matériel demandé, dressé par un homme de l'art, et approuvés par le Conseil municipal.

Construction scolaire. — Outre les pièces énumérées dans le cas précédent, il faut joindre au dossier concernant les constructions scolaires :

1° Le certificat (nouveau modèle) dressé par le receveur municipal;

2° Le programme des conditions que doit remplir le projet;

3° L'extrait du plan cadastral indiquant l'emplacement du cimetière et la distance de celui-ci à la construction projetée;

4° Les plans et devis approuvés par le Conseil municipal.

En ce qui concerne la DÉLIBÉRATION, voici les principales règles à observer dans sa rédaction essentiellement modifiée par la loi du 20 juin 1885 et par le décret du 15 février 1886. (*Il convient de demander un imprimé modèle à la Préfecture.*)

Et d'abord, il faut voir si la dépense totale du projet soumis à l'examen ne dépasse pas le chiffre maximum de la dépense à laquelle l'Etat contribue, fixée ainsi qu'il suit :

1° Ecole de hameau	12.000	francs.
2° Ecole de chef-lieu communal (*ou mixte, ou garçons, ou filles*)	15.000	—
3° Groupe scolaire à une seule classe pour chaque sexe	28.000	—
4° Pour chaque classe en plus (ajoutée au groupe)	12.000	—
5° Ecole maternelle	18.000	—
6° Ecole primaire supérieure	80.000	—
....	......	—
8° Mobilier scolaire pour chaque classe	500	—

Dans le cas où le projet examiné dépasserait la somme prévue par la loi, l'Etat ne considérerait pas le surcroît de la dépense, et, de plus, le Crédit foncier ne prêterait (*pour ce supplément ou pour l'installation d'une mairie, etc*)... qu'à un taux de 4 fr. 75 au lieu de 4 fr. 60. Il faut donc se conformer d'une manière stricte aux chiffres ci-dessus.

Décret du 15 février 1886. « La proportion suivant laquelle l'Etat contribuera au payement des annuités communales pour constructions et appropriations d'écoles primaires sera fixée conformément aux tableaux D, E, F. (*Voir pages 16 et 17.*)

1° Tableau D, fixant la proportion de la subventiom à allouer en raison de la valeur du centime communal ;

2° Tableaux E et F, fixant la proportion de la subvention à allouer en sus de celle que détermine le tableau D :

a. En raison des centimes pour insuffisance de revenus ;

b. En raison des centimes extraordinaires multipliés par le nombre d'années de la durée de l'imposition. — (*Art. 1.*)

Il sera ajouté aux subventions revenant aux communes d'après les tableaux D, E et F, une subvention de 10 pour 100 de la dépense totale réellement effectuée dans les limites des maxima fixés par le tableau A annexé à la loi. — (*Art. 2.*)

Lorsque le chiffre de la subvention, calculé d'après les tableaux D, E, F et l'article 2 ci-dessus, dépassera 80 pour 100, il devra être ramené à 80 pour 100, conformément à l'article 8, § 2, de la loi. (*Art. 3.*)

De ce qui précède, il résulte que toute commune obtiendra :

1° 10 pour 100 du capital ;

2° Une partie de l'annuité d'amortissement inversement proportionnelle à la valeur du centime communal ;

3° Une deuxième portion de cette annuité directement proportionnelle au nombre de centimes pour insuffisance de revenus;

4° Une troisième partie de l'annuité d'amortissement, directement proportionnelle au nombre des centimes extraordinaires qui pèsent sur le budget communal.

EXEMPLE : *La commune de N..... reçoit d'un architecte un projet (groupe scolaire à une seule classe pour chaque sexe) s'élevant à la somme de 27.500 francs. La valeur du centime est de 17 fr. 45. Elle a une imposition extraordinaire de 15 centimes pendant 10 ans et une deuxième de 12 centimes pour insuffisance de revenus.*

En vertu de sa situation, elle a droit aux subventions suivantes :

1° 10 pour 100 du capital;

2° 58 pour 100 par rapport à la valeur du centime communal (*se reporter au tableau D*).

TABLEAU **D** *fixant la proportion de la subvention à allouer en raison de la valeur du centime communal*

VALEUR du CENTIME	PROPORTION de la SUBVENTION	VALEUR du CENTIME	PROPORTION de la SUBVENTION
10 fr. et au-dessous	65 p. 100	55 et 56 fr.	32 p. 100
11 —	64 —	57 et 58 —	31 —
12 —	63 —	59 et 60 —	30 —
13 —	62 —	61 et 62 —	29 —
14 —	61 —	63 à 65 —	28 —
15 —	60 —	66 à 68 —	27 —
16 —	59 —	69 à 71 —	26 —
17 —	58 —	72 à 74 —	25 —
18 —	57 —	75 à 77 —	24 —
19 —	56 —	78 à 81 —	23 —
20 —	55 —	82 à 85 —	22 —
21 —	54 —	86 à 89 —	21 —
22 —	53 —	90 à 94 —	20 —
23 —	52 —	95 à 99 —	19 —
24 —	51 —	100 à 104 —	18 —
25 —	50 —	105 à 111 —	17 —
26 —	49 —	112 à 119 —	16 —
27 —	48 —	120 à 128 —	15 —
28 —	47 —	129 à 138 —	14 —
29 —	46 —	139 à 149 —	13 —
30 —	45 —	150 à 164 —	12 —
31 et 32 fr.........	44 —	165 à 179 —	11 —
33 et 34 —	43 —	180 à 199 —	10 —
35 et 36 —	42 —	200 à 224 —	9 —
37 et 38 —	41 —	225 à 257 —	8 —
39 et 40 —	40 —	258 à 299 —	7 —
41 et 42 —	39 —	300 à 359 —	6 —
43 et 44 —	38 —	360 à 449 —	5 —
45 et 46 —	37 —	450 à 599 —	4 —
47 et 48 —	36 —	600 à 899 —	3 —
49 et 50 —	35 —	900 à 1799 —	2 —
51 et 52 —	34 —	1800 f. et au-dessus	1 —
53 et 54 —	33 —		

(Proportion : de l'annuité nécessaire au service de l'emprunt à réaliser intérêt et amortissement compris.)

NOTA. — *D'après le tableau ci-dessus, on ne devra pas tenir compte des fractions de franc. Exemple : Un centime de 22 fr. 75 c. ne sera compté que pour 22 francs.*

3° 3 pour 100 en raison des charges de la commune. (*Consulter le tableau E.*)

TABLEAU **E** *fixant la proportion de la subvention à allouer en raison des charges de la commune* (**A**, *d'après le nombre des centimes pour insuffisance de revenus*).

CENTIMES pour INSUFFISANCE DES REVENUS	PROPORTION de la SUBVENTION	
De 1 à 4 centimes	1 p. 100.	De l'annuité nécessaire au service de l'emprunt à réaliser intérêt et amortissement compris
5 à 8 —	2 —	
9 à 12 —	3 —	
13 à 16 —	4 —	
17 à 20 —	5 —	
21 à 24 —	6 —	
25 à 28 —	7 —	
29 à 32 —	8 —	
33 à 36 —	9 —	
37 à 40 —	10 —	
41 à 44 —	11 —	
45 à 48 —	12 —	
49 à 52 —	13 —	
53 à 56 —	14 —	
57 à 60 —	15 —	
61 à 64 —	16 —	
65 à 68 —	17 —	
69 à 72 —	18 —	
73 à 76 —	19 —	
77 à 80 —	20 —	
81 à 84 —	21 —	
85 à 88 —	22 —	
89 à 92 —	23 —	
93 à 96 —	24 —	
97 à 100 centimes et au-dessus	25 —	

4° 3 pour 100 en raison du nombre de centimes extraordinaires. — En effet, 15 centimes, pendant 10 ans, ramenés à une seule année, font 150 centimes. (*Consulter le tableau F.*)

TABLEAU **F** *fixant la proportion de la subvention à allouer en raison des charges de la commune* (**B**, *d'après le nombre des centimes extraordinaires multipliés par le nombre d'années de la durée de l'imposition*).

CENTIMES EXTRAORDINAIRES multipliés PAR LA DURÉE DE L'IMPOSITION (*a*).	PROPORTION de la SUBVENTION	
Au-dessous de 50 centimes	1 p. 100.	De l'annuité nécessaire au service de l'emprunt à réaliser, intérêt et amortissement compris.
De 50 à 100 centimes	2 —	
101 à 150 —	3 —	
151 à 200 —	4 —	
201 à 250 —	5 —	
251 à 300 —	6 —	
301 à 350 —	7 —	
351 à 400 —	8 —	
401 à 450 —	9 —	
451 à 500 —	10 —	
Au-dessus de 500 centimes	11 —	

(*a*) On ramène, pour l'uniformité du calcul, toutes les charges de la commune à une seule année.

D'après cela, la commune de M..... n'aura donc à sa charge que les 26 pour 100 de la dépense totale, puisque l'Etat prend, par devers lui, les 10 + 58 + 3 + 3 pour 100 de cette même dépense.

« Dans tous les cas, lorsque le chiffre de la subvention (calculée d'après les indications énumérées ci-dessus) dépassera 80 pour 100, il devra être ramené à 80 pour 100. » (*Article 3, décret du 15 février 1886.*)

Certificat du Receveur municipal. — (Voir titre : *Construction scolaire, page 14.*)

DÉPARTEMENT
d
—

ARRONDISSEMENT
d
—

Canton d
—

Commune d

SITUATION FINANCIÈRE
de la commune d
à la date du 188

Valeur du centime communal...............
Fonds libres en caisse.......................
Fonds provenant de la vente de l'ancienne maison d'école.............................

IMPOSITIONS SPÉCIALES — NOMBRE DE CENTIMES	AFFECTATION		DATE DE L'EXPIRATION de CHAQUE IMPOSITION
ORDINAIRES			
Extraordinaires en recouvrement			

Vu et certifié exact :
Le Préfet,

Dressé par le receveur municipal
d

Nota. — *Les 14 centimes ordinaires, supportés en général par toutes les communes, ne doivent pas figurer dans ce tableau.*

Annuité d'amortissement. — Pour obtenir le montant de l'annuité à payer, il faut multiplier le taux d'amortissement (*capital et intérêts compris*) par la somme que la commune désire emprunter et diviser le produit obtenu par 100.

Le nombre des centimes extraordinaires qu'il est nécessaire de voter pour assurer le paiement des annuités s'obtient en divisant le montant de l'annuité obtenue précédemment par la valeur du centime communal.

Exemple. — *La commune de N..., dont le centime communal vaut 25 fr. 50, désire emprunter la somme de 8.425 francs au taux de 4 fr. 60 pour 100.*

Si la commune souscrit un emprunt à 30 ans, le montant de l'annuité sera de 6 fr. 178.990 *(capital et intérêt d'amortissement compris)* × 8.425 fr. divisé par 100 = 520 fr. 5799.

Et, dès lors, le nombre des centimes nécessaires pour assurer le payement de cette annuité sera de 520 fr. 58 divisé par 25 fr. 50, soit 20 centimes et demi.

Lorsqu'il s'agit d'un emprunt à trente ans, au taux de 4 fr. 75 *(construction d'une salle de mairie, surcroît de dépenses, etc.)* l'annuité d'amortissement s'élève à 6 fr. 287.632 pour 100.

Crédit Foncier. — A l'appui de leurs demandes de prêt, les Communes doivent transmettre au Crédit Foncier les pièces suivantes :

1° *Un avis émanant du Ministère de l'Instruction publique, et fixant le chiffre de l'emprunt, sa durée, ainsi que la part d'annuité que l'Etat prend à sa charge* ;

2° Copie de la délibération par laquelle l'emprunt a été voté ;

3° Copie de l'acte d'autorisation de l'emprunt (loi, décret ou arrêté préfectoral), certifiée conforme par le Préfet ou le Sous-Préfet;

4° Le relevé des recettes et des dépenses ordinaires d'après le compte rendu des trois derniers exercices;

5° Un état certifié des dettes;

6° Le Budget de l'exercice courant.

Nota. — *Il est indispensable de calculer l'annuité sur la totalité de la somme prêtée.*

Création d'école ou d'emploi. — Un dossier de création d'école ou de création d'emploi doit être formé ainsi qu'il suit :

1° Une délibération bien motivée faisant connaitre d'une manière exacte : la situation de la commune et des enfants au point de vue de l'enseignement primaire; les causes particulières et locales qui poussent la Municipalité à demander la création; la part contributive de la commune en ce qui concerne la location de l'immeuble choisi, le matériel dont sera pourvue la nouvelle école ou la nouvelle classe, et enfin la part qu'elle prendra dans le traitement de l'Institut..... titulaire ou adjoint... ;

2° L'extrait du plan cadastral de la commune et des sections ou hameaux s'il y en a *(y indiquer l'emplacement de l'école à créer, celui des écoles existantes, la distance qui séparera ces dernières de l'école projetée)* ;

3° Le plan *(à l'échelle de 0m 01 par mètre)* du local dans lequel la Municipalité est d'avis d'installer la nouvelle école ;

4° L'acte de bail conditionnel concernant ce local ;

5° Les plans et devis du matériel dont sera pourvue cette école.

Maîtresse de couture. — Pour obtenir, dans une école mixte dirigée par un Instituteur, la nomination d'une maîtresse de couture, il faut une délibération motivée du conseil municipal indiquant les nom, prénoms, âge de la personne choisie.

Pendant que le Maire transmet cette délibération à la Sous-Préfecture, l'Instituteur doit adresser à l'Inspecteur primaire une note faisant connaître d'une manière exacte : les nom, prénoms, âge, la conduite, la moralité, les antécédents, l'aptitude, le lieu et la durée de l'apprentissage de la personne proposée, et, s'il y a lieu, les communes où elle a déjà exercé en cette qualité, ainsi que le jour où elle a commencé à donner ses leçons à l'école actuelle.

Certificat d'exercice. — Dans les écoles mixtes où il existe une maîtresse de couture, régulièrement nommée, l'Instituteur doit adresser, les 30 mai et 30 novembre, à l'Inspecteur primaire, UN CERTIFICAT D'EXERCICE visé par le Maire. (*Cette pièce est indispensable pour établir les états semestriels des traitements.*)

Ecole publique mixte d

NOM & PRÉNOMS de la MAITRESSE DE COUTURE	DURÉE des FONCTIONS	OBSERVATIONS — (Certifier ici que la maîtresse a exercé durant................)

Certifié sincère et véritable,

A..... le..... A..... le.....

(*Sceau.*) *Le Maire,* *L'Institut.....*

Session de février, Conseil municipal.

— Durant la session de février, les Conseils municipaux sont appelés à statuer et à indiquer, par une délibération spéciale, la part contributive des communes dans les dépenses de l'instruction primaire.

En vertu de la loi du 4 juillet 1881 et de la circulaire du 22 septembre de la même année, les ressources communales affectées aux dépenses de l'instruction primaire sont les suivantes :

1° Le produit de 4 centimes. (*Cette somme s'obtient en multipliant le produit du centime, inscrit dans l'angle droit 1re page du budget communal, par 4, nombre des centimes.*) Cette dépense est obligatoire pour toutes les communes sans exception ;

2° Le prélèvement du cinquième des revenus ordinaires dans toutes les communes où la valeur du centime est supérieure à 20 francs ;

3° Dans les communes qui n'ont pas 400 habitants et qui possèdent une école de filles, le loyer du local scolaire des filles est entièrement à la charge des communes.

Centime communal.

— Pour obtenir LA VALEUR DU CENTIME COMMUNAL, il faut additionner le principal des contributions foncière, personnelle mobilière, portes et fenêtres, patentes, et diviser la somme par 100. Le quotient obtenu s'appelle : CENTIME COMMUNAL.

Il ne faut jamais omettre, dans la rédaction des budgets, le total de chacune des contributions désignées dans le paragraphe précédent qui doit être inscrit dans le coin droit (*première page*) du budget primitif. (*Ces renseignements sont d'ailleurs fournis chaque année par la Direction des contributions.*)

Prélèvement, Revenus ordinaires. — Pour obtenir la somme à prélever sur les revenus ordinaires, il faut additionner les sommes inscrites aux articles 3, 4, 5, 6, 7, 8, 9, 10, 11, 12, 13, 14, 15, 17, 18, 19 du budget communal (*défalcation faite des impôts. frais, etc...*) et en prendre le cinquième.

Enfants assistés. — Lorsqu'un Institut. possède dans sa classe des ENFANTS ASSISTÉS, il doit transmettre à la Sous-Préfecture, à la fin de chaque trimestre, des états visés par le Maire de la commune concernant les absences et les présences de ces élèves. (*Les feuilles imprimées sont fournies par l'administration. L'Instituteur devra les demander à la préfecture ou à la sous-préfecture.*)

Les fournitures classiques : livres, cahiers, etc... ne sont payés que sur le vu de ces ÉTATS.

Chauffage des classes. — « Avant l'établissement de la gratuité absolue, on pouvait comprendre que le chauffage fût laissé à la charge des familles des enfants qui payaient la rétribution scolaire, la commune n'intervenant pour sa quote-part que comme représentant les élèves reçus gratuitement..... Mais, aujourd'hui que la distinction des élèves payants et des élèves gratuits n'existe plus en vertu de la loi, on doit reconnaître que les frais de chauffage des salles de classe sont devenues une charge essentiellement communale. » (*Extrait de la circulaire du 15 janvier 1883.*)

Distribution de prix. — Les Présidents des distributions de prix doivent être désignés par le Préfet. (*Arrêté ministériel du 29 octobre 1873 et circulaire ministérielle du 19 juillet 1878.*) Les propositions en vue de ces désignations doivent être adressées par le Maire à l'Inspecteur primaire, qui les transmet à l'Inspecteur d'académie.

Aucun discours ne peut y être prononcé s'il n'a reçu au préalable l'approbation du Président. (*Circulaire du 10 juillet 1877.*)

Les listes de livres à donner en prix doivent être soumises à l'approbation de l'Inspecteur primaire. (*Circulaires des 14 janvier 1865, 15 juin 1865, 16 juillet 1878*).

Aucune représentation théâtrale ne peut avoir lieu, aucune pièce ne peut être jouée ou débitée dans les écoles primaires sans qu'elle ait été autorisée par l'administration. (*Circulaire du 21 février 1872.*)

Je ne saurais trop recommander aux municipalités les lignes suivantes extraites de la circulaire ministérielle du 16 juillet 1878 :

« S'il est vrai que des récompenses accordées avec mesure excitent l'émulation, il est évident, en même temps, que, distribuées avec profusion et en vue seulement de répondre à un sentiment de vanité de l'enfant ou de la famille, ces récompenses produisent des résultats tout opposés.

« Il importe, d'ailleurs, que les jeunes élèves comprennent qu'une distinction n'a de valeur qu'en raison des efforts qu'on a fait pour s'en rendre digne.

« J'estime, en outre, que, par un choix judicieux des récompenses, on habituera vite les parents à préférer, pour leurs enfants, des ouvrages moins nombreux sans doute, mais véritablement utiles, à ces petits livres futiles et insignifiants qu'on n'a tant prodigués qu'en raison de leur extrême bon marché..... Je vous recommande, en conséquence, de veiller à ce que les livres de prix distribués dans les écoles communales soient choisis avec autant de soin que de réserve. »

ADMINISTRATION SCOLAIRE

Demande de demi-place, Chemin de fer. — Pour avoir droit, sur les chemins de fer, à la réduction de 50 pour 100, l'Institut..... doit être muni de la feuille de route — conforme au modèle officiel — qui est essentiellement personnelle. Le titulaire doit présenter à toute réquisition la photographie — contresignée par son Inspecteur primaire et par lui — dont il doit être porteur.

Pour obtenir cette feuille de route, l'Institut..... devra adresser à son chef une demande conforme au modèle ci-dessous :

L'Institut..... publi..... de.....
a l'honneur de prier M. l'Inspecteur..... d.....
de lui délivrer une demande de demi-place pour la compagnie d.....

ALLER	RETOUR
de à	de à

ARRÊTS FACULTATIFS

aux gares ci-après :

A..... le..... *L'Institut.....*

Demande de secours. — Dans le cas où il est demandé, par l'administration, des renseignements relatifs à des demandes de secours (*anciens Instituteurs ou Institutrices, veuves d'Instituteurs, bourses d'enseignement primaire supérieur, bourses diverses, trousseaux, etc...*) l'Instituteur, s'il est consulté, doit indiquer DANS UNE LETTRE CONFIDENTIELLE :

1° Les nom, prénoms, la date et le lieu de naissance du demandeur;

2° Les années, la nature des services qu'il prétend faire valoir;

3° Les charges de famille : le nombre, l'âge, l'état civil et la situation particulière des enfants ou des personnes qu'il a à sa charge;

4° Les moyens d'existence, la valeur exacte, si c'est possible, des meubles et immeubles qu'il possède;

5° Les ressources de toute nature (*rente, pension, traitement, emploi, etc... en indiquer le montant*).

Le devoir de l'Instituteur est d'éclairer ses chefs toutes les fois que ceux-ci s'adressent à lui, et il ne lui est jamais permis, sous aucun prétexte (alors même qu'il s'agirait de ses parents) de les tromper et de les induire en erreur.

Mandats, accusé de réception. — Lorsqu'un Institut..... reçoit de l'Inspecteur d'académie ou de l'Inspecteur primaire un mandat (*indemnité de déplacement, encouragement, solde, cours d'adultes, conférences pédagogiques, etc...*), il doit s'empresser d'en accuser réception. Un mandat est une pièce importante qu'il ne faut pas laisser passer inaperçue.

Société de secours mutuel. — Tout Institut..... membre d'une société de secours mutuel a droit, en cas de maladie, à un secours.

Pour l'obtenir, il devra adresser au Président de la Société, par l'intermédiaire de son Inspecteur primaire, *une demande motivée* à laquelle il joindra les notes du *médecin* et du *pharmacien*, ainsi que le rapport du délégué ou du sous-délégué de la Société.

Pension de retraite. Conditions d'admission. — 1er cas. — Avoir 55 ans d'âge et 25 ans de services. *Les années passées à l'école normale après l'âge de 20 ans, comptent comme années de services. (Article 5, loi du 9 juin 1853, et Article 1, loi du 17 août 1876.)*

Dans ce cas, les pièces à produire sont :

1° Acte de naissance légalisé (*feuille de papier timbré de 1 fr. 80*);

2° Déclaration d'élection de domicile (*Voir le modèle ci-dessous*);

3° Etat des services (*demander l'imprimé à l'inspection académique et annexer à cette pièce, après l'avoir remplie, le brevet de capacité ainsi que les arrêtés de nomination. Ces documents *sont retournés après la vérification des services. — Voir le modèle ci-dessous*) ;

4° Joindre, s'il y a lieu, l'état des services militaires ou des services à l'étranger.

2me cas. — A 45 ans d'âge et après 15 ans de services, le fonctionnaire peut faire valoir ses droits à une pension de retraite s'il est constaté qu'il EST HORS D'ÉTAT DE CONTINUER SES FONCTIONS, soit par invalidité morale, soit par invalidité physique, et que des infirmités ne lui permettent pas de continuer ses fonctions. (*Article 11, loi du 9 juin 1850.*)

Dans ce cas, outre les pièces énumérées ci-dessus, le fonctionnaire doit encore produire :

1° Un certificat de son médecin traitant qui constate qu'il est atteint de..... et qu'il est hors d'état de continuer ses fonctions;

2° Un certificat du médecin assermenté de l'administration (*conçu dans les mêmes termes que le précédent et surtout en ce qui concerne les conclusions*) ;

3° Un certificat de l'Inspecteur primaire.

3me cas. — Un Instituteur est admis à la retraite, sans condition d'âge et de services, à la suite d'un ACTE DE DÉVOUEMENT ou après UN ACCIDENT GRAVE résultant notoirement de l'exercice de ses fonctions. (*Article 11, loi du 9 juin 1853.*).

Outre les pièces énumérées dans le premier cas, l'Instituteur doit produire et joindre au dossier :

1° Un procès-verbal de l'acte de dévouement ou de l'évènement donnant droit à une pension de retraite;

2° L'attestation du Maire;

3° L'attestation de l'Inspecteur primaire;

4° Le certificat du médecin assermenté.

NOTA. — *Avant de transmettre son dossier, l'Instituteur s'assurera que toutes les pièces sont régulièrement constituées, s'il ne veut pas éprouver des retards.*

DÉCLARATION D'ÉLECTION DE DOMICILE. — Je soussigné..... (*nom, prénoms, conformes à l'acte de naissance*) ex-institut..... à....., département d....., arrondissement d....., canton d....., admis... à faire valoir mes droits à la retraite, déclare établir mon domicile à....., département d....., arrondissement d....., canton d.....

A..... le.....

(*Légalisation*) (*Signature*)

ATTESTATION DU MÉDECIN ORDINAIRE DU FONCTIONNAIRE. — Je soussigné (*nom, prénoms, qualité*), certifie que M....., (*nom, prénoms conformes à l'acte de naissance, âge*), est atteint d..... (*Indiquer ici la maladie dans tous ses détails.*)

Je certifie en outre que l'infirmité de M..... (*attester ici que les infirmités dont excipe le fonctionnaire le mettent hors d'état de continuer son service*).

Fait à..... le..... 18..

(*Légalisation*) (*Signature*)

Attestation du médecin assermenté. — Je soussigné *(nom, prénoms, qualité)*, certifie que M....., *(nom, prénoms, conformes à l'acte de naissance, âge)* est atteint d..... *(Indiquer ici la maladie dans tous les détails.)*

Je certifie en outre que l'infirmité de M..... *(attester ici que les infirmités dont excipe le fonctionnaire le mettent hors d'état de continuer son service.)*

Fait à...,. le..... 18..

(Légalisation) *(Signature)*

Nota. — *Il ne faut oublier de faire légaliser par le Préfet ou par le Sous-Préfet les signatures des Maires. — Cette omission suffirait pour que le dossier fût retourné.*

ETAT des services de M..... (nom, prénoms conformes à l'acte de naissance), *ex-....., à....., département d....., né le.....* (date exacte), *à....., département d....., breveté le.....* (date exacte de la délivrance du brevet), *entré en fonctions le.....* (date de la première nomination) *et admis à faire valoir ses droits à la retraite à partir du.....* (cette date est celle du lendemain du jour où le fonctionnaire a reçu son dernier traitement).

Lieux où les fonctions ont été exercées — Départements	Lieux où les fonctions ont été exercées — Résidences	Nature des fonctions et emplois	Date de l'entrée en exercice	Durée des services — Ans	Durée des services — Mois	Durée des services — Jours	Observations
Aude	Cuxac	Institut... adj...	3 octobre 1868	2	1	10	
Aude	Carcassonne	id.	13 novemb. 1870	»	11	26	
Pyrén.-Orient.	Mont-Louis	Institut... pub...	4 novemb. 1871	»	10	26	
»	»	»	»	»	5	11	Interruption
Pyrén.-Orient.	Olette	Institut... pub...	12 mars 1873	2	7	15	
Pyrén.-Orient.	Perpignan	id.	23 septemb. 1875	3	8	4	
Pyrén.-Orient.	Céret	id.	27 mai 1879	19	2	15	
Total des années de services...... { publics..........				29	11	17	
{ libres..........				»	»	»	
A déduire { Surnumérariat.......... néant.......... »							
Services avant l'âge de 20 ans = 2 ans 1 mois 10 jours							
Services dans l'enseignement libre » » »				2	6	21	
Interruptions. { Du 1er octobre 1872.. au 11 mars 1873...... } 5 mois 11 jours							
Services effectifs admissibles..........................				27	4	26	

Traitement de chacune des six années d'activité pendant lesquelles le fonctionnaire a été le mieux rétribué :

Du 12 mars 1873 au 22 septembre 1875 (1 an 7 mois et 15 jours) à raison de 1.000 francs par an.......... = 1.616f 43

Du 23 septembre 1875 au 26 mai 1879 (3 ans 8 mois et 4 jours) à raison de 1.400 francs par an........... = 5.148 67

Du 27 mai 1879 au 7 février 1880 (8 mois et 11 jours) à raison de 1.600 fr. par an.................. = 1.115 46

Ce qui, pour six années d'activité, donne un total de. 7.880f 56

L'année moyenne est de 7,880 fr. 56 divisé par 6 = 1.313f 42

Registre matricule. — La tenue du registre matricule est obligatoire. (*Arrêté ministériel du 14 octobre 1881.*) Ce registre, destiné, ainsi que son nom l'indique, à l'inscription des élèves, marche de front avec l'année civile (*du 1er janvier au 31 décembre*).

Voici les principales règles à observer concernant sa tenue :

1° L'Instituteur doit le faire viser et parafer par le Maire dès le 1er janvier;

2° Inscrire les élèves à mesure qu'ils se présentent et régler la situation, EN CE QUI CONCERNE LE PRODUIT DE L'ÉVENTUEL, le dernier jour du mois;

3° Remplir avec exactitude et soin, le 24 décembre, le tableau récapitulatif;

4° Tous les maîtres qui se succèdent, au cours de l'année, dans la direction de l'école, doivent avoir soin, AVANT DE QUITTER LA COMMUNE, d'inscrire dans l'angle gauche (*dernière page*) leurs nom, prénoms, titres, la date de leur entrée en fonction, ainsi que la date de leur sortie (*Renseignements indispensables*);

5° En ce qui concerne les détails relatifs au traitement de l'Institut..... titulaire (*voir la dernière page*), chacun des maîtres doit inscrire avant son départ la part qui lui revient : 1° du TRAITEMEMT FIXE invariable 200 fr.; 2° du TRAITEMENT ÉVENTUEL; 3° du COMPLÉMENT FAIT PAR L'ÉTAT (*s'il y a lieu*); 4° des diverses allocations dont il est parlé à l'article *Traitements*.

Ce serait une faute grave de laisser toute la besogne au dernier venu, qui peut, d'ailleurs, sans mauvaise intention, induire en erreur l'administration.

Décompte du traitement. — D'après l'arrêté ministériel, en date du 23 mars 1885, « le taux de rétribution devant servir à déterminer le montant du traitement éventuel des Instituteurs et des Institutrices est fixé par élève et par mois de présence dûment constaté à 1 fr. dans les communes dont la population est inférieure à 5.000 habitants; à 1 fr. 25 dans les communes de 5.000 à 50.000 habitants; à 1 fr. 50 dans les communes d'une population supérieure à 50.000 habitants. »

« Dans toute école, divisée en plusieurs classes, le produit de l'éventuel sera réparti entre les membres du personnel enseignant proportionnellement au nombre des élèves inscrits dans chaque classe; le directeur, NON CHARGÉ DE CLASSE, reçoit une part égale à celle du maître qui a la classe la plus nombreuse. »

Le traitement des Instituteurs et Institutrices titulaires est calculé de la manière suivante :

1° Un traitement fixe de 200 francs;

2° Le produit de l'éventuel;

3° Le supplément nécessaire, s'il y a lieu, pour former avec le traitement fixe et l'éventuel le minimum déterminé à l'article spécial *Traitements* (ou le traitement garanti).

EXEMPLE. — Trois Instituteurs se sont succédé, au cours de L'ANNÉE CIVILE, dans la direction de l'Ecole publique de M...

Monsieur X...., Instituteur de 4me classe, au traitement de 900 fr., est resté du 1er janvier au 30 juin, c'est-à-dire 6 mois;

Monsieur Y...., Instituteur de 1re classe, au traitement de 1.200 fr., y est resté du 1er juillet au 15 novmbre, c'est-à-dire 4 mois et demi;

Enfin, Monsieur Z...., Instituteur de 2me classe, au traitement de 1.000 fr., a occupé le poste le reste de l'année, du 16 novembre au 31 décembre, c'est-à-dire 1 mois et demi.

Le décompte du traitement de chacun de ces maîtres sera établi de la manière suivante :

M. X..... a perçu, en 6 mois, une somme égale aux 6/12 de 900 fr., soit 450 fr., savoir :

1° Les 6/12 du traitement fixe 200 fr............	100f »
2° Produit de l'éventuel (*1er janvier au 30 juin*), soit, par exemple..........................	160 »
TOTAL.........	260f »
3° Complément nécessaire égal à 450 fr. — 260. .	190 »
TOTAL DE SON TRAITEMENT durant ces 6 mois.	450f »

M. Y..... a perçu durant 4 mois et demi une somme égale aux 4.50/12 de 1.200 fr., soit 450 fr., qui se décompose de la manière suivante :

1° Les 4.50/12 du traitement fixe 200 fr..........	75f »
2° Produit de l'éventuel (*du 1er juillet au 15 novembre*), soit, par exemple.................	115 »
TOTAL.........	190f »
3° Complément nécessaire égal à 450 fr. — 190 fr....	260 »
TOTAL DE SON TRAITEMENT durant ces 4 mois et demi................................	450f »

M. Z..... a perçu, durant 1 mois et demi, une somme égale au 1.50/12 de 1.000 fr., c'est-à-dire 125 fr., qui se décompose ainsi qu'il suit :

1° Les 1.50/12 du traitement fixe 200 fr.........	25f »
2° Produit de l'éventuel durant 1 mois et demi, soit.	73 »
TOTAL.........	98f »
3° Complément nécessaire égal à 125 fr. — 98 fr..	27 »
TOTAL DE SON TRAITEMENT durant ce mois et demi................................	125f »

Si 2, 3, 4, etc...., maîtres se succèdent dans une école (*durant l'année civile*), chacun d'eux doit calculer son traitement d'après les exemples établis ci-dessus. Il en sera de même en ce qui concerne les Institutrices dont les traitements minima sont indiqués au paragraphe spécial *Traitements*.

Ces renseignements dont l'importance ne saurait vous échapper seront inscrits au registre matricule (*dernière page, détails relatifs au traitement*), et dès lors le dernier titulaire pourra toujours établir, sans difficulté, le 25 décembre, l'état de fin d'année dont voici le modèle :

DÉTAILS RELATIFS AU TRAITEMENT DE L'INSTITUT..... TITULAIRE
(*Année civile — du 1er janvier au 31 décembre*)

	M. X...	M. Y...	M. Z...	TOTAUX
Traitement fixe	100f	75f	25f	200f
Éventuel	160	115	73	348
Complément du traitement légal	190	260	27	477
Supplément facultatif voté par la commune	...	...	..	...
Allocation pour le brevet complet	...	...	..	...
— à raison du classement sur la liste de mérite	...	...	..	...
Allocation pour la médaille d'argent	...	...	..	...
TOTAL	450f	450f	125f	1.025f

Loyer de la maison d'école..............................
ou indemnité de logement........................
Traitement de l'adjoint...............................
ou de chacun des adjoints.......................

Manière de calculer l'Eventuel. — A. — Lorsque la somme de l'éventuel et du traitement fixe dépasse le traitement garanti (*ou le traitement minimum augmenté, s'il y a lieu, des allocations communales, des indemnités provenant de l'inscription sur la liste de mérite, de la possession du brevet complet, etc.*), le supplément sera ordonnancé plus tard.

B. — Il ne faut pas oublier que le PRODUIT DE L'ÉVENTUEL EST ABSOLUMENT PERSONNEL.

C. — L'Instituteur n'a droit à l'éventuel que tout autant qu'un élève a réuni la moitié des présences possibles dans le courant du mois. D'où il résulte que, dans un mois comptant 42 demi-jours de classe, l'éventuel n'est dû que tout autant que l'élève a fréquenté 21 demi-jours.

D. — Lorsqu'un mois est tronqué, l'Instituteur doit calculer l'éventuel proportionnellement à la durée de la scolarité, et si, par exemple, les vacances commencent le 15 août, l'Instituteur a droit à la moitié de l'éventuel par chaque élève qui compte la moitié des présences du 1er au 15.

E. — Si l'école ou la classe demeure fermée pendant la moitié du mois en vertu d'un congé accordé à l'Institut...., celui-ci n'a droit, en vertu du cas précédent prévu par la circulaire ministérielle, qu'à la moitié de l'éventuel.

F. — Dans les écoles à plusieurs classes, l'éventuel est réparti entre les adjoints, et le Directeur doit tenir compte du nombre des élèves inscrits dans chaque classe et de la durée des fonctions de chacun des adjoints.

G. — Lorsque le Directeur n'est pas chargé de classe, il doit s'attribuer un nombre d'élèves égal à celui de l'adjoint qui a la classe la plus nombreuse, et dès lors il établira l'état de fin d'année comme s'il dirigeait une classe. L'éventuel sera ensuite partagé proportionnellement au nombre des élèves de chaque classe — la sienne simulée comprise — et au temps d'exercice de chaque maître.

Etat de l'éventuel, sa rédaction. — Dans le tableau (*1re page de l'état devant servir à établir le traitement éventuel au 31 décembre*) il est bon d'inscrire : 1° sur une première ligne le total des présences possibles par demi-jour de classe pour tous les élèves qui ont fréquenté l'école durant tout le mois ; 2° sur une deuxième ligne, et à l'encre rouge, le nombre de demi-jours de classe de chaque mois. Ces renseignements permettent de contrôler rapidement l'état.

Observations. — Il ne faut point omettre de faire les totaux des colonnes 3, 4, 5, 6, 7,.......... et 16 inclusivement.

Lorsque deux, trois, quatre, cinq maîtres se succèdent, pendant l'année, dans la direction d'une école, le dernier doit inscrire la date de l'entrée en fonction ainsi que la date de la sortie de chacun (*partie supérieure de la dernière page de l'état*) et attribuer à chacun d'eux la part de l'éventuel qui lui est due (*partie inférieure de la même page*).

Afin d'établir avec une grande rapidité et toute l'exactitude voulue l'état de fin d'année, — qui est en définitive une pièce de comptabilité et qu'il convient de présenter à l'administration exempte de la plus petite erreur même involontaire, — l'Institut..... fera bien d'employer le procédé suivant. Au cours de l'année, et à la fin de chaque mois, *il* (*ou elle*) inscrira, au crayon et de préférence à l'encre rouge, dans les colonnes de l'éventuel (*sur l'un des deux exemplaires du registre matricule*), le nombre de demi-jours de classe que chaque élève a à son actif (*colonne 30 du registre d'appel*). A la fin de chaque trimestre, il arrêtera le compte de l'éventuel dû pour chaque élève. Cette manière d'opérer abrègera et simplifiera son travail le 31 décembre.

L'Institut..... qui se laisserait aller à la fraude dans la rédaction de cet état assumerait une bien lourde responsabilité. Je ne saurais donc trop l'engager à y apporter une attention soutenue et un soin scrupuleux.

Registre d'appel. — Le registre d'appel doit être constamment tenu à jour. (*Circulaire et arrêté du 14 octobre 1881.*)

L'appel se fera au début de la deuxième partie de la classe, c'est-à-dire lorsque les élèves rentrent de la récréation. Cette manière de procéder dispense d'un contre-appel.

Les maîtres doivent faire les totaux des absences, chaque jour, pour tous les élèves, dans le sens vertical ; et le dernier jour du mois, pour chaque élève, dans le sens horizontal.

Les totaux généraux doivent être fidèlement reportés, à la fin du mois, au tableau récapitulatif *(dernière page du registre d'appel).*

Les observations indiquées dans la colonne 5 de l'extrait du registre d'appel, que chaque Institut..... est tenu de fournir au Maire et à l'Inspecteur primaire, doivent aussi figurer dans la colonne 31 du registre d'appel.

Les Institut..... inscriront les élèves par cours et non par ordre alphabétique, par rang d'âge ou de sexe dans les écoles mixtes.

Bibliothèques scolaires et pédagogiques. — Les ouvrages seront rangés dans une armoire bibliothèque, fermant à clef, et classés en deux catégories : *(Arrêté du 1er juin 1862.)*

La première comprendra ceux qui sont destinés aux familles; elle sera divisée en quatre sections : LITTÉRATURE, HISTOIRE, GÉOGRAPHIE, SCIENCES.

La seconde ne contiendra que les livres de classe.

Tous les volumes porteront au dos un numéro d'ordre correspondant au numéro du REGISTRE CATALOGUE. Ils seront placés sur les rayons par catégorie et par numéro d'ordre de manière que l'Instituteur puisse toujours présenter, sans aucune recherche, l'ouvrage qu'on lui demande.

Lorsqu'un livre est prêté ou rendu, il doit être immédiatement inscrit sur le REGISTRE DES ENTRÉES ET SORTIES. L'Instituteur ne doit pas ignorer qu'il est responsable des ouvrages qui lui sont confiés.

Le REGISTRE DE CAISSE doit toujours être tenu à jour, et les mémoires, quittances, factures, etc., y seront annexés.

État de fin d'année. — Le 31 décembre, dernier délai, tous les bibliothécaires adresseront à l'Inspecteur primaire un état conforme au modèle ci-dessous concernant la situation de leur bibliothèque.

Commune d *Bibliothèque* { Scolaire / Pédagogique

NOMBRE des livres à prêter				NOMBRE des OUVRAGES	NOMBRE des VOLUMES	NOMBRE des livres DE CLASSE	ALLOCATIONS données par			DÉPENSES effectuées durant l'année 18..	NOMBRE des prêts durant l'année 18.	OBSERVATIONS — DATES des concessions ministérielles
Littérature	Histoire	Géographie	Sciences				les particuliers	le conseil municipal	le conseil général			

I. Quels sont les ouvrages *(indiquer le titre et le nom des auteurs)* les plus fréquemment lus durant l'année 18.. en Littérature, Histoire, Agriculture, Sciences?

II. Différence en plus ou en moins sur l'année précédente des prêts effectués.

III. Quelles sont les causes de la fréquentation ou de la désertion de la bibliothèque?

Certifié sincère et véritable.

A..... le..... *L'Institut.....*

Aucun livre, s'il n'est pas inscrit au catalogue officiel, ne peut être placé dans les bibliothèques sans l'autorisation de l'Inspecteur d'académie.

Avant de quitter la commune, l'Instituteur doit procéder, en présence du Maire, au récolement des livres, et il signera le registre de caisse.

Le successeur est tenu aux mêmes obligations. Cette opération engage la responsabilité du premier et dégage celle du second.

Commandes. — Les commandes, faites conformément au modèle inscrit au catalogue officiel, devront parvenir à l'adjudicataire par la voie administrative. Elles seront donc transmises par les soins du Maire au Préfet du département. (*Circulaire ministérielle du 1er juin 1886.*)

Modèle de commande. — La commune d....., arrondissement d...... département d....., met à la disposition de M........., adjudicataire de la fourniture des livres aux bibliothèques populaires des écoles publiques, la somme de..... (*indiquer la somme en toutes lettres*), ci..... (*ici en chiffres*), pour lui fournir les ouvrages dont la liste est ci-jointe, qui sont destinés à la bibliothèque populaire de l'école et qui devront être reliés et expédiés en franchise, par petite vitesse, dans le délai de quinze jours à partir de la réception de la commande par l'adjudicataire, à la gare d....., ligne d.....,   le..... 188.....   A.....,   le..... 18..

Le Maire, (Cachet de la mairie.)   *L'Instituteur,* (Visa du ministère de l'instruction publique.)

BIBLIOTHÈQUE POPULAIRE DE L'ÉCOLE PUBLIQUE

de la commune d..

arrondissement d..

département d..

Gare d..

COMMANDE DE LIVRES

NUMÉROS D'ORDRE	NOMS DES AUTEURS	TITRES DES OUVRAGES	NOMBRE DE VOLUMES	FORMAT.	PRIX FORT.
		Série A. — *Ouvrages généraux. — Grammaires, etc.*			
		Série B. — *Histoire et Biographies.*			
		Série C et séries suivantes. — (*Comme au Catalogue.*)			
Somme totale due par la commune pour la fourniture des ouvrages reliés et envoyés *franco*..					

Avec la commande, il convient de demander, si cela est nécessaire : *le Registre catalogue, le Registre des entrées et sorties et le Registre de caisse.*

Ecoles de hameau. — Aux termes de l'article 1 du décret du 10 octobre 1881, « toute école établie dans une section de commune, qui aura reçu pendant l'année au moins vingt-cinq élèves de cinq à treize ans, sera considérée comme école ordinaire, et l'Instituteur adjoint ou l'Institutrice adjointe qui la dirige, sera élevé au rang d'Instituteur ou d'Institutrice titulaire pour jouir des avantages attachés à ce titre. »

L'Institut..... qui voudra faire classer une école de hameau au rang d'école principale devra donc justifier de la présence de vingt-cinq élèves âgés de cinq à treize ans durant une année au moins.

Pensionnat annexé à une Ecole publique. — « Les Instituteurs communaux *(Institutrices communales)* ne pourront ouvrir de pensionnat qu'avec l'autorisation du conseil départemental, sur l'avis du conseil municipal. »

Formalités à remplir. — « Tout Instituteur qui veut ouvrir une Ecole libre *(pensionnat)* doit déclarer préalablement son intention au Maire de la commune où il veut s'établir, lui désigner le local et lui donner l'indication des lieux où il a résidé et des professions qu'il a exercées pendant les dix années précédentes..... Cette déclaration doit être adressée par le postulant au Préfet, au Procureur de la République et au Sous-Préfet..... Elle demeurera affichée, par les soins du Maire, à la porte de la mairie, pendant un mois. »

« A défaut d'opposition, l'école *(le pensionnat)* peut être ouverte à l'expiration du mois, sans autre formalité. » *(Articles 27 et 28, loi du 15 mars 1850.)*

La déclaration doit être accompagnée des pièces suivantes : *(article 1 du décret du 30 décembre 1850)*

1° De l'acte de naissance de l'Instituteur et, s'il est marié, de son acte de mariage;

2° D'un certificat, dûment légalisé, attestant que le postulant a exercé pendant cinq ans au moins, soit comme instituteur, *soit comme maître dans un pensionnat primaire*;

3° Du programme de son enseignement;

4° Du plan du local dans lequel le pensionnat doit être établi;

5° De l'indication du nombre maximum des pensionnaires qu'il se propose de recevoir;

6° De l'indication des noms, prénoms, date et lieux de naissance des maîtres et employés qu'il s'est adjoints pour la surveillance du pensionnat.

Le loyer de la maison occupée par le pensionnat et le traitement des adjoints sont entièrement à la charge de l'Institut..... publi.....

Cours d'adultes. — Aux termes du décret du 22 juillet 1884, « tout Conseil municipal qui a l'intention d'ouvrir, à la rentrée de l'année scolaire, un ou plusieurs cours d'adultes et de solliciter en leur faveur les subventions de l'Etat, fait connaître cette intention par une délibération adressée au Préfet avant le 15 juin. »

Les Municipalités sont tenues de voter la dépense afférente à l'éclairage et au chauffage, ainsi que la moitié de l'indemnité à accorder à l'Institut.....

Le Conseil départemental décide la création. Le Ministre approuve.

Les élèves seront répartis en deux cours : ÉLÉMENTAIRE pour les illettrés, SPÉCIAL pour ceux qui désirent compléter leur instruction.

« Dans les huit jours qui suivront l'ouverture, l'Institut..... adresse à l'Inspecteur primaire et au Délégué cantonal un état conforme au modèle ci-dessous. »

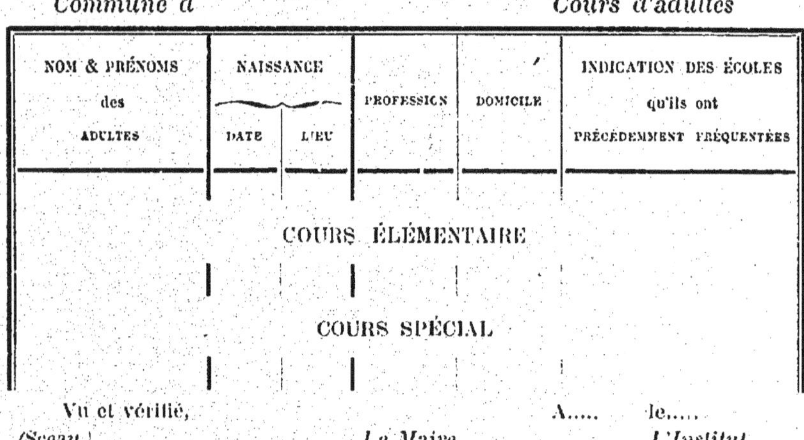

Commune d *Cours d'adultes*

NOM & PRÉNOMS des ADULTES	NAISSANCE		PROFESSION	DOMICILE	INDICATION DES ÉCOLES qu'ils ont PRÉCÉDEMMENT FRÉQUENTÉES
	DATE	LIEU			
COURS ÉLÉMENTAIRE					
COURS SPÉCIAL					

Vu et vérifié, A..... le.....

(Sceau.) *Le Maire,* *L'Institut.....*

Un état semblable est produit, à la fin du mois, si des élèves se font inscrire après l'ouverture du cours.

Le cours doit durer au moins 5 mois et les élèves doivent être âgés de 13 ans au moins.

Un registre de présence est obligatoire.

Ce registre sera adressé, à la fin du cours, à l'Inspecteur primaire, avec le programme des matières enseignées, le rapport d'ensemble sur la marche du cours et les progrès obtenus par chaque élève, ainsi que les cahiers de chacun, que l'Institut..... est tenu de conserver.

Conférences pédagogiques. — « La présence aux conférences pédagogiques est obligatoire pour tous les Instituteurs et Institutrices publics titulaires; elle l'est aussi pour les Instituteurs-adjoints toutes les fois que leur présence n'est pas nécessaire à l'école. Des dispenses peuvent être accordées par l'Inspecteur d'académie. (*Article 4, arrêté ministériel du 5 juin 1880.*)

« A la dernière réunion de chaque année scolaire, la conférence propose les questions qui pourront être traitées au cours de l'année suivante. » (*Article 3, décret précité.*)

Les Instituteurs devront rédiger leur mémoire écrit sur des feuilles de papier, format écolier (0,30 sur 0,20). Ils transmettront ce travail avant le 31 octobre pour la conférence d'hiver, avant le 31 mai pour la conférence d'été.

Le secrétaire de la conférence est tenu d'adresser à l'Inspecteur primaire, en double expédition, dans le plus bref délai possible, le procès-verbal de chaque séance qui sera rédigé sur un registre déposé dans la bibliothèque pédagogique cantonale.

Liste des livres classiques. — « Les Instituteurs et Institutrices titulaires de chaque canton, munis du brevet, réunis en conférence spéciale, établissent, au plus tard, dans la première quinzaine de juillet, une liste des livres qu'ils jugent propres à être mis en usage dans les écoles primaires publiques. » (*Article 2, arrêté ministériel du 16 juin 1880.*)

Toute demande d'inscription ou de radiation d'ouvrage doit être l'objet d'un rapport écrit, discuté et voté par la conférence.

Fournitures vendues aux élèves. — Les Instituteurs sont tenus d'avoir dans leur classe un tableau, visé par l'Inspecteur primaire, portant le prix de tous les objets qu'ils sont autorisés à fournir aux élèves.

Ils feront bien de se conformer au modèle ci-dessous :

Commune d *Ecole publique d*

OUVRAGES TITRE. — AUTEUR. — EDITEUR	PRIX de L'UNITÉ	FOURNITURES CLASSIQUES	PRIX de L'UNITÉ

A..... le.....
L'Inspecteur primaire,

A..... le.....
L'Institut..... publi.....

Cahier mensuel. — Tous les élèves, sans exception, doivent être munis, dès leur entrée à l'école, d'un cahier spécial sur lequel l'Institut..... fera écrire, chaque mois, le premier devoir sur les matières du programme, en ayant soin de se conformer au jour et à l'heure indiqués par l'emploi du temps.

Le tableau ci-dessous est un guide sûr qui permet au Maître de passer périodiquement en revue toutes les matières.

Les Institutrices et les Instituteurs devraient afficher, à côté du TABLEAU DE L'EMPLOI DU TEMPS, un modèle conforme :

COURS SUPÉRIEUR	COURS MOYEN	COURS ÉLÉMENTAIRE
Dictée	Dictée	Dessin à vue
Alterner par deux mois { Ecriture Exercice de Grammaire	Ecriture	Exercice grammatical
Octobre-Avril.. Narration................ Novembre-Mai. Résumé Lecture......... Décembre-Juin. Morale.................. Janvier-Juillet. Enseignement civique... Février-Août.. Histoire................... Mars.......... Géographie..............	Même roulement	Ecriture
Octobre-Avril.. Physique.................. Novembre-Mai. Agriculture............. Décembre-Juin. Histoire Naturelle....... Janvier-Juillet. Chimie.................... Février-Août.. Industrie................. Mars.......... Agriculture.............	Exercice grammatical	Dictée
Alterner par deux mois { Exercices et Problèmes d'Arithmétique ou de Géométrie.............	Même roulement	Exercices de calcul
Alterner par trimestre... { 1er mois, Dessin à vue 2e mois, Dessin linéaire 3e mois, Cartes	Alterner par 2 mois { Dessin à vue, Cartes	Exercices élémentaires de composition française

L'Instituteur est tenu de corriger tous les devoirs à l'encre rouge dans les interlignes, et d'indiquer ses observations dans les marges.

Tous les devoirs, sans exception, doivent être datés et signés par l'élève, notés et visés par l'Institut...

Les notes à employer sont 10 et 9, très bien ; 8, bien ; 7 ou 6, assez bien ; 5, passable ; 4 et 3, faible ou médiocre ; 2 et 1 mal ; 0, nul.

(*Dans le département des Pyrénées-Orientales, les cahiers sont remis après leur correction pendant 24 heures aux élèves méritants. C'est un excellent moyen pour intéresser les familles aux travaux de leurs enfants.*)

Mobilier Scolaire. — Un Instituteur qui obtient un changement doit procéder, avant de quitter son poste, en présence du Maire, au récolement du mobilier scolaire qui comprend : les livres de la bibliothèque, les objets matériels destinés au service de la classe, les archives scolaires.

Le procès-verbal de cette opération, rédigé sur un registre spécial des inventaires du mobilier de l'école et du matériel d'enseignement (*rendu obligatoire par arrêté ministériel en date du 14 octobre 1881*) sera signé par l'Institut..... et visé par le Maire.

L'Instituteur qui le remplacera procèdera de la même manière et il s'assurera que tous les objets portés sur l'inventaire existent réellement.

LOI DU 28 MARS 1882

Commission scolaire. — « Une commission municipale scolaire est instituée dans chaque commune pour surveiller et encourager la fréquentation des écoles. » (*Article 4.*)

Afin d'assurer le bon fonctionnement de ces commissions, l'Instituteur adressera à l'Inspecteur primaire, à la fin de chaque trimestre (*voir au paragraphe correspondance*), un tableau dont voici le modèle :

NOM de la COMMUNE	LA COMMISSION SCOLAIRE s'est-elle réunie durant ce trimestre		A-T-ELLE fait appeler LES PARENTS	NATURE des autres PEINES INFLIGÉES	OBSERVATIONS
	OUI	NON			

Vu et vérifié, A..... le.....

(*Sceau.*) *Le Maire.* *L'institut.....*

« Chaque année, le Maire dresse (*pendant les vacances*), d'accord avec la commission municipale scolaire, la liste de tous les enfants de six à treize ans et avise les parents de la rentrée des classes. »

« Cette liste doit être envoyée 8 JOURS AVANT LA RENTRÉE DES CLASSES aux Directeurs des écoles et à l'Inspecteur primaire. » (*Article 8.*)

« La loi permet au conseil municipal de désigner quiconque lui paraît apte à remplir la fonction de membre du Comité scolaire. »

« Le droit qui appartient à l'Inspecteur primaire de faire partie de la commission scolaire, de surveiller ses opérations, est un droit personnel qui dérive de sa qualité même, et qu'il ne peut pas déléguer. »

« Monsieur le Préfet, au moment où les commissions scolaires instituées par la loi du 28 mars 1882 vont entrer en fonctions, il me paraît nécesssaire de déterminer avec précision la nature de leurs attributions et la limite de leur compétence.

« Ces commissions ont pour objet, aux termes de l'article 5 de la loi, de surveiller et d'encourager la fréquentation des écoles.

« A cet effet, elles concourent, avec les Maires, à la confection annuelle de la liste des enfants de 6 à 13 ans (*article 8*); — elles apprécient les motifs d'absence (*article 10*); — elles prononcent certaines pénalités (*articles 12 et 13*) ou saisissent d'une plainte, dans les cas prévus, le juge de paix (*article 14*); — enfin elles accordent des dispenses dans les conditions et dans les limites tracées par l'article 15. — Leur rôle est ainsi nettement défini, et il est d'ailleurs considérable. *Mais vous remarquerez, Monsieur le Préfet, que les commissions scolaires n'ont nullement, comme on a pu le croire, un droit d'inspection et de contrôle sur les écoles.* La loi du 28 mars 1882 n'a rien innové sur ce point et, *hormis le Maire, l'Inspecteur primaire et les délégués cantonaux ou communaux, nul n'a qualité pour pénétrer dans les salles de classe.* Les membres des commissions scolaires, autres que les personnes ci-dessus désignées, ne sauraient donc être admis à visiter les écoles. Les commissions exercent la surveillance spéciale dont elles sont chargées, en consultant l'extrait du registre d'appel que l'Instituteur est tenu d'adresser, à la fin de chaque mois, au Maire et à l'Inspecteur primaire, extrait où doivent se trouver mentionnés, avec le nombre des absences constatées, les motifs invoqués et soumis à l'appréciation de la commission. » (*Circulaire ministérielle du 13 juin 1882.*)

Absences. — Les parents ou tuteurs doivent faire connaître les motifs d'absence à l'Instituteur.

A la fin de chaque mois, l'Institut... adresse au Maire et à l'Inspecteur primaire un extrait du registre d'appel.

« Les motifs légitimes d'absences sont : maladie de l'enfant, décès d'un membre de la famille, empêchement résultant de la difficulté accidentelle des communications. Les autres motifs invoqués sont appréciés par la commission. » (*Article 10.*)

Après quatre absences, sans motif légitime, le père, le tuteur ou la personne responsable doit être appelé à comparaître devant la commission.

« En cas de récidive, la commission ordonne l'inscription à la porte de la mairie, pendant quinze jours ou un mois, des nom, prénoms et qualité de la personne responsable, avec le motif du fait relevé contre elle. » (*Article 13.*) « En cas de nouvelle infraction, la commission scolaire, ou, à son défaut, l'Inspecteur primaire, doit adresser une plainte au juge de paix ».

Arrêts de la Cour de Cassation. — « Les délibérations des commissions scolaires ne sont valables que si elles ont été prises par la moitié plus un des membres qui composent la commission. »

« Les membres de la commission scolaire, élus par le conseil municipal, lors même qu'ils sont démissionnaires, sont considérés comme étant en exercice, tant qu'ils ne sont pas remplacés. Ils doivent donc, jusqu'à leur remplacement, faire nombre pour le calcul de la majorité. » (*21 décembre 1883.*)

« La Commission scolaire n'est constituée et ne peut régulièrement délibérer qu'autant que tous les membres qui doivent la composer ont été désignés conformément à la loi. » *(3 août 1883.)*

« Lorsqu'une commission scolaire se compose de huit membres, elle ne peut valablement délibérer au nombre de quatre; il importe peu qu'elle soit réduite à six par suite de la démission de deux de ses membres; si leur démission n'a pas été acceptée, ils doivent encore compter, et, par conséquent, la commission scolaire ne peut valablement délibérer qu'au nombre de cinq, la moitié plus un. » *(Décembre 1883.)*

« Le fait qu'un enfant reçoit l'instruction dans une école libre d'une autre commune ne peut mettre le père à l'abri des peines qu'il doit encourir, quand son enfant, inscrit d'office à l'école publique de la commune qu'il habite, faute de déclaration préalable, ne fréquente pas cette école. » *(14 décembre 1883.)*

« Si, aux termes de l'article 12, dans le cas d'une première infraction, le père de famille doit être invité à comparaître devant la commission scolaire qui lui rappellera le texte de la loi et lui expliquera son devoir, il n'en est pas de même quand, à la suite de nouvelles infractions, la commission est appelée, conformément aux articles 13 et 14, soit à prononcer l'affichage à la porte de la mairie, soit à déférer le contrevenant devant le juge de paix.

« Dans le cas, la loi n'ordonne, dans aucune de ces énonciations, que la commission devra, préalablement aux mesures qu'elle prescrit, faire citer devant elle la personne responsable.

Des considérants de la décision, il résulte que l'affichage prononcé contre le père de famille, bien que qualifié peine par la loi, n'est en réalité qu'une mise en demeure plus énergique que le premier avertissement adressé au père de famille pour qu'il se conforme à la loi; que les commissions scolaires sont de simples corps administratifs et non pas des tribunaux; par suite, l'affichage peut être prononcé sans que le père de famille ait été cité devant la commission, et il n'est pas nécessaire que la décision prise à son égard lui soit notifiée. » *(Décembre 1883.)*

« Lorsqu'à la suite d'infractions diverses et successives à la loi du 28 mars 1882, le père de famille a subi les peines de l'avertissement, de l'affichage et le renvoi devant le tribunal de police, il est de nouveau justiciable du tribunal de police pour les contraventions immédiatement postérieures au jugement de ce tribunal.

« La loi n'exige pas que la nouvelle série d'infractions soit soumise préalablement à la commission scolaire et aux peines qu'elle peut appliquer, avant que le père contrevenant puisse être de nouveau déféré au tribunal de police.

« Il suffit que quatre infractions nouvelles aient été commises dans les douze mois depuis le premier jugement. » *(Décembre 1883.)*

« La loi n'admet pas, comme excuse légale des infractions à la loi du 28 mars 1882, le fait notoire que le père de famille fait donner chez lui l'instruction à son enfant. Il est absolument nécessaire, sous peine de contravention, que le père de famille en fasse la déclaration au Maire de sa commune; la notoriété est insuffisante. » (*Décembre 1883.*)

Enfants instruits dans la famille. — Les parents qui veulent faire instruire leurs enfants à domicile sont tenus d'en faire la déclaration au Maire, qui leur délivrera une attestation détachée d'un registre à souche.

« Les enfants instruits dans la famille doivent, chaque année, subir un examen qui portera sur les matières de l'enseignement correspondant à leur âge dans les écoles publiques. » (*Article 16, loi du 28 mars 1882.*)

Arrêté du 22 décembre 1882. — Article premier. — L'examen que doivent subir, chaque année, à partir de la deuxième année d'instruction obligatoire jusqu'à l'âge de 13 ans révolus, les enfants qui reçoivent l'instruction dans la famille, a lieu à la maison commune ou dans une salle d'école.

Art. 2. — La liste des enfants astreints à subir l'examen est dressée par le Maire et envoyée à l'Inspecteur d'académie avant le 1er mai.

Art. 3. — L'examen est subi soit dans le mois qui suit la rentrée des classes, soit dans celui qui la précède. La date en est fixée, pour chaque localité, par l'Inspecteur d'académie.

Art. 4. — La convocation tant du jury d'examen que des enfants à examiner se fait, quinze jours au moins à l'avance, par les soins de l'Inspecteur primaire.

Art. 5. — L'examen consiste en épreuves écrites : il n'y a lieu à épreuves orales qu'autant que les premières auraient été jugées insuffisantes. Dans ce cas, les deux séries d'épreuves ont lieu le même jour.

Art. 6. — Les épreuves écrites consistent soit en devoirs écrits sous la dictée et sous le contrôle du jury, soit dans les devoirs faits à domicile et communiqués avec une attestation d'authenticité par le père de famille, conformément à la formule énoncée ci-après.

Le jury a toujours le droit de faire procéder à de nouvelles épreuves en sa présence.

Dans le cas où les épreuves écrites se font en présence du jury, elles portent sur les matières ci-après :

De 8 à 9 ans : Ecriture.

De 9 à 10 ans : Ecriture. — Premiers éléments d'arithmétique (addition, soustraction).

De 10 à 11 ans : Dictée d'orthographe usuelle. — Eléments d'arithmétique : les quatres règles, opérations sur des nombres entiers,

De 11 à 12 ans : Dictée d'orthographe usuelle. — Notions du système métrique. — La géographie de la France.

De 12 à 13 ans : Dictée d'orthographe usuelle. — Éléments d'arithmétique et de système métrique. — Les grands faits et les grands hommes de l'histoire de France.

Art. 7. — Les épreuves orales comprennent une épreuve de lecture et de courtes interrogations sur tout ou partie des matières énumérées dans l'article 6.

L'épreuve de lecture se fera dans les recueils de morceaux choisis en usage dans les écoles publiques ou dans les classes élémentaires des lycées.

Art. 8. — Les enfants dont les parents en feront la demande pourront être examinés sur toutes les autres parties du programme des écoles primaires, tel qu'il résulte du règlement d'organisation pédagogique du 27 juillet 1882.

MODÈLE. — Je soussigné (*nom et prénoms*) père ou tuteur de (*nom et prénoms de l'enfant*), né le..... et que je me suis engagé, par ma déclaration en date du..... à faire instruire à domicile, conformément aux prescriptions de la loi du 28 mars 1882, atteste que les cahiers ci-joints sont les cahiers de l'enfant, et contiennent les devoirs faits par lui seul dans le cours de la présente année. En foi de quoi, il a signé avec moi la présente déclaration.

Fait à....., le..... 18

(*Signature de l'enfant.*) (*Signature du père.*)

Modèles annexés à la circulaire ministérielle du 17 novembre 1883

MODÈLE N° 1

(*Lettre du Maire au père de famille*)

DÉPARTEMENT — RÉPUBLIQUE FRANÇAISE

d

COMMUNE

d — *A*....., *le*..... *18*..

M

La loi du 28 mars 1882 a rendu l'instruction obligatoire pour les enfants des deux sexes âgés de six ans révolus à treize ans révolus.

Pour obéir aux prescriptions de cette loi, j'ai l'honneur de vous informer qu'aux termes de l'art. 7, « le père, le tuteur ou le patron de tout enfant de six à treize ans est tenu de faire savoir au Maire de la commune s'il entend faire donner à l'enfant l'instruction dans la famille ou dans une école publique ou privée ; dans ces derniers cas, il indiquera l'école choisie ».

Je vous prie de me faire connaître sans retard quel est de ces trois moyens d'instruction celui que vous adoptez pour vos enfants.

Pour éviter toute cause de confusion et de retard, je vous adresse, avec prière de les remplir, autant de bulletins que vous avez d'enfants en âge scolaire : vous pouvez me retourner ces bulletins, revêtus de votre signature, soit par la poste, soit par toute autre voie, à moins que vous ne préfériez me faire tenir votre réponse verbalement à la mairie, où vous me trouverez le.....

Recevez, M....., l'assurance de ma considération distinguée.

Le Maire,

Président de la Commission municipale scolaire,

MODÈLE N° 2

(*Réponse du père de famille au Maire*)

DÉPARTEMENT

d

COMMUNE

d A....., le...., 18..

Le soussigné déclare que le jeune (*nom et prénoms de l'enfant*), né le....., recevra l'instruction à..... *(dire si l'instruction sera donnée à domicile ou dans une école, et donner le nom et l'adresse de cette école*).

(*Le père, tuteur ou patron)*

MODÈLE N° 3

(*Lettre du Maire accusant réception de la déclaration du père de famille*)

DÉPARTEMENT RÉPUBLIQUE FRANÇAISE

d —

COMMUNE

d A....., le..... 18..

M

J'ai reçu la réponse en date du..... par laquelle vous m'annoncez que v..... fil....., né le....., recev..... l'instruction à domicile.

En vous donnant acte de cette déclaration, je crois devoir vous rappeler qu'aux termes de l'article 16 les enfants instruits dans la famille doivent, chaque année, à partir de la fin de la deuxième année d'instruction obligatoire, subir un examen qui portera sur les matières de l'enseignement correspondant à leur âge dans les écoles publiques. Vous serez avisé ultérieurement de la date et du lieu de cet examen.

Recevez, M....., l'assurance de ma considération distinguée.

Le Maire,

Président de la Commission municipale scolaire,

MODÈLE N° 4

(*Lettre de rappel du Maire*)

DÉPARTEMENT RÉPUBLIQUE FRANÇAISE

d —

COMMUNE

d A....., le..... 18..

Second et dernier avertissement

M

Par ma lettre du....., j'ai eu l'honneur de vous inviter à me faire savoir, conformément à la loi du 28 mars 1882, si vous entendez faire donner l'instruction à vos enfants dans la famille, dans l'école publique ou privée.

Je n'ai pas reçu de réponse à cette demande, que je vous adressais au nom de la loi.

Je vous réitère mon invitation et je dois vous prévenir qu'aux termes de l'article 8 de la loi, « en cas de non déclaration de la part des parents, le Maire inscrit d'office dans une des écoles publiques les enfants à l'instruction desquels il n'a pas été pourvu. »

Recevez, M....., l'assurance de ma considération distinguée.

Le Maire,

Président de la Commission municipale scolaire,

Caisse des Ecoles. — « La caisse des Ecoles (*rendue obligatoire par la loi du 28 mars 1882)* est créée par délibération du

Conseil municipal, approuvée par le Préfet. Elle est destinée à encourager et à faciliter la fréquentation de l'école par des récompenses aux élèves assidus et par des secours aux élèves indigents. » (*Article 15 de la loi du 10 avril 1867.*)

Le service de la caisse est fait gratuitement par le Percepteur.

NOTA. — *Je ne saurais trop recommander aux maîtres de voir souvent les Maires, les Conseillers municipaux, afin d'obtenir des subsides. Si la plupart de nos écoles sont dépourvues du nécessaire, l'Instituteur y est pour quelque chose. Pourquoi se lasserait-il de demander? Qu'il se reporte à l'instruction ministérielle du 12 mai 1867. Il puisera dans ce document tout ce qui lui sera nécessaire pour pousser les municipalités à doter l'école — non pas seulement de nom — d'une institution démocratique dont l'utilité est incontestable.*

AUTORITÉS

PRÉPOSÉES A LA SURVEILLANCE DES ÉCOLES

Les autorités préposées à la surveillance des Écoles sont :

Le MAIRE,
Les DÉLÉGUÉS CANTONAUX,
L'INSPECTEUR PRIMAIRE,
L'INSPECTEUR d'ACADÉMIE,
Les INSPECTEURS GÉNÉRAUX,
Le RECTEUR de l'ACADÉMIE,
Le PRÉFET du DÉPARTEMENT.

NOTA. — *L'entrée de l'école est formellement interdite aux Membres des commissions municipales scolaires et à toutes les autres personnes étrangères à l'enseignement primaire.*

Cet avis devrait être affiché à la porte d'entrée de toutes les classes. Les Instituteurs et les Institutrices s'éviteraient ainsi une foule de désagréments.

DÉLÉGUÉS CANTONAUX

Nomination. — « Le Conseil départemental désigne un ou plusieurs Délégués résidant dans chaque canton pour surveiller les écoles publiques et libres du canton, et détermine les écoles particulièrement soumises à la surveillance de chacun. »

« Les Délégués sont nommés pour trois ans; ils sont rééligibles et révocables. Chaque Délégué correspond, tant avec le Conseil départemental, auquel il doit adresser ses rapports, qu'avec les autorités locales pour tout ce qui regarde l'état et les besoins de l'enseignement primaire dans sa circonscription. »

Attributions. — « Les Délégués se réunissent au moins une fois tous les trois mois au chef-lieu de canton, sous la présidence de celui d'entre eux qu'ils désignent, pour convenir des avis à transmettre au Conseil départemental. » *(Article 42, loi du 15 mars 1850.)*

« Un Délégué cantonal n'a pas le droit de visiter toutes les écoles du canton, mais seulement celles qui lui sont assignées par le Conseil départemental. » *(Décisions ministérielles des 25 mars 1851, 10 décembre 1851, 5 août 1852.)*

« L'inspection des écoles publiques s'exerce conformément aux règlements délibérés par le Conseil supérieur; celle des écoles libres porte sur la MORALITÉ, l'HYGIÈNE et la SALUBRITÉ, et elle ne peut porter sur l'ENSEIGNEMENT que pour vérifier s'il n'est pas contraire à la MORALE, à la CONSTITUTION et aux LOIS. » *(Article 21 de la loi du 15 mars 1850.)*

« Sont soumises à l'inspection, comme les écoles publiques, les écoles libres qui tiennent lieu d'écoles publiques ou qui reçoivent une subvention de la commune, du département ou de l'Etat. » *(Article 17, loi du 10 avril 1867.)*

« Toutes les écoles communales ou libres de filles, tenues par des Institutrices laïques, soit par des associations religieuses non cloîtrées ou même cloîtrées, sont soumises, quant à l'INSPECTION et à la SURVEILLANCE DE L'ENSEIGNEMENT, en ce qui concerne l'EXTERNAT, aux autorités — précédemment désignées — préposées à la surveillance des écoles. » *(Article 10, décret du 31 décembre 1853.)*

Mission. — « Délégué du conseil départemental, c'est de ce conseil surtout qu'il reçoit l'impulsion, c'est de ses pensées qu'il doit s'inspirer. Sa mission, qui est toute de confiance, s'étend à tout; mais elle n'est qu'une mission de surveillance, et il est à désirer qu'il multiplie les avis et les remontrances paternelles partout où il en est besoin; il est à désirer aussi qu'il ne compromette jamais son autorité en s'efforçant d'introduire *directement* dans les écoles, soit des livres, soit des principes d'éducation et d'enseignement dont il apprécierait les avantages, mais qui y seraient jusqu'alors inusités. C'est par le conseil départemental que les réformes à introduire doivent être provoquées; c'est donc au conseil départemental qu'il doit faire part de ses vues... » — « ... Ne demandez pas aux Délégués cantonaux, dit une circulaire ministérielle du 31 octobre 1854, de juger les méthodes et les livres; demandez-leur si les enfants qui sont admis depuis quelque temps dans les écoles y ont reçu une instruction suffisante, s'ils y sont tenus sainement, s'ils y puisent de bons préceptes et surtout de bons exemples de morale, s'ils contractent des habitudes de propreté, de politesse et de bienveillance réciproques, en un mot, s'ils sont bien élevés. »

« Le Délégué doit s'entendre avec l'Inspecteur de l'arrondissement et lui fournir tous les renseignements utiles dont il pourrait avoir besoin. L'Inspecteur devra, de son côté, faire au Délégué toutes les communications propres à lui faciliter l'accomplissement de sa mission. En se prêtant ainsi un mutuel appui, les Délégués cantonaux et les Inspecteurs primaires parviendront à constituer un bon système de surveillance dont les esprits éclairés comprendront l'importance et dont ils apprécieront les bienfaits. » (*Circulaire ministérielle du 24 décembre 1850.*)

« Les Délégués n'ont pas mission d'apprécier, de contrôler le mérite relatif des procédés, des méthodes diverses; ils n'ont pas à s'enquérir si les élèves des écoles se rendent compte des principes de la lecture, de l'écriture, etc., mais ils ont seulement à vérifier si les élèves lisent ou écrivent bien ou mal. »

« Je ne perd pas de vue, le caractère particulier de la mission que MM. les Délégués ont bien voulu accepter. Je n'oublie pas qu'on ne peut leur demander des sacrifices de temps trop prolongés; on ne saurait non plus réclamer d'eux ces comparaisons de méthodes, ces investigations minutieuses, ces jugements techniques que l'administration exige des Inspecteurs de l'instruction primaire. Telle n'est point la nature de l'examen auquel MM. les Délégués sont invités à procéder. Il s'agit seulement, pour eux, de constater l'état des études élémentaires sur des points dont l'appréciation n'exige ni de longues heures de travail ni des connaissances spéciales. La lecture, l'écriture, le calcul dans ses parties les plus simples, les éléments de l'histoire et de la géographie de la France sont les principaux objets sur lesquels ils aient à interroger les élèves... »

« Le Délégué, si cela lui convient, pourra se dispenser d'interroger lui-même les élèves et charger l'Instituteur de procéder en sa présence et sous son contrôle à cette interrogation. »

« Les Délégués cantonaux doivent visiter souvent les écoles; la loi les a constitués les gardiens vigilants des intérêts moraux de la jeunesse. »

En résumé :

Les Délégués sont nommés par le Conseil départemental pour une période de trois ans.

« Ils ne peuvent visiter toutes les écoles du canton, mais seulement celles pour l'inspection desquelles ils ont été spécialement désignés.

« Il n'est pas nécessaire que les Délégués cantonaux résident dans le canton dont ils sont chargés d'inspecter les écoles.

« Ils se réunissent au chef-lieu d'arrondissement, sous la présidence du Sous-Préfet, et tous les trois mois au chef-lieu du canton, sous la présidence de l'un d'eux.

« Ils adressent leurs rapports au Conseil départemental par l'intermédiaire du Préfet.

« Les Délégués peuvent donner leur avis :

« 1° Sur les locaux scolaires;

« 2° Sur la création d'écoles ou d'emplois;

« 3° Sur toutes les affaires concernant l'instruction primaire;

« Ils correspondent en franchise sous bande contresignée — pour affaires de service — avec les Instituteurs et les Institutrices, le Préfet, le Sous-Préfet, les Maires, l'Inspecteur primaire, l'Inspecteur d'académie et le Recteur. »

CORRESPONDANCE

Les Instituteurs ne peuvent correspondre, en matière de service, qu'avec leur chef immédiat, l'Inspecteur primaire. Ils doivent donc transmettre leur correspondance par la voie hiérarchique. Ils ne devront jamais oublier qu'ils ne sont pas seuls dans leur circonscription et que, bien souvent, un retard de leur part peut créer à leurs chefs des embarras et des ennuis.

Les convenances exigent que la correspondance officielle (*lettres, mémoires des conférences, rapports, etc.....*) soit rédigée sur papier écolier de 0.30 de haut sur 0,20 de large.

En ce qui concerne les tableaux, dont les modèles se trouvent dans le corps de l'ouvrage, il conviendra de les établir dans le sens de la longueur de la page.

Pièces à fournir à époques fixes :

1° Extrait du registre d'appel (*1er de chaque mois*) ;

2° Dossiers des candidats aux écoles normales (*du 1er au 31 janvier* ;

3° Bulletin relatif a la commission scolaire (*31 mars, 30 juin, 30 septembre, 31 décembre*) ;

4° Certificat d'exercice, visé par le maire, concernant la maitresse de couture (*31 mai, 30 novembre*) ;

5° Liste d'inscription, certificat d'études (*1er au 15 mai, terme de rigueur* ;

6° Etat de situation des bibliothèques (*le 31 décembre, dernier délai*);
Etat de l'éventuel............... — —
Registre matricule............... — —

7° La feuille statistique, concernant la situation de l'école, doit être adressée, sans aucun retard, *le dernier jour de classe de l'année scolaire*. Il n'est pas permis à un maitre d'abandonner son poste sans avoir fourni à son chef cette pièce de la plus grande importance.

Outre ces écritures, l'Instituteur doit à l'Inspecteur primaire un rapport motivé sur tous les faits particuliers qui peuvent se produire dans le courant dans l'année.

Nota. — *Afin de ne pas se trouver en défaut, l'Institut..... fera bien de transcrire le tableau ci-dessus et de l'afficher dans un lieu apparent. Par ce moyen, les rappels seront toujours évités.*

HYGIÈNE SCOLAIRE

Classe. — « La classe sera blanchie et lessivée tous les ans et tenue dans un état constant de propreté et de salubrité. A cet effet, elle sera BALAYÉE ET ARROSÉE TOUS LES JOURS; l'air y sera fréquemment renouvelé; même en hiver, les fenêtres seront ouvertes pendant l'intervalle des classes. »

Il ne faut pas supporter, en classe, une température supérieure à 15 degrés centigrades.

Lieux. — « Les LIEUX D'AISANCE doivent être l'objet d'une attention toute particulière, d'une surveillance continue. Ils seront tenus dans un état constant de propreté. Pour cela, l'Instituteur devra les faire LAVER JOURNELLEMENT et y faire répandre soit du CHLORURE DE CHAUX, soit une DISSOLUTION DE SULFATE DE CUIVRE ou mieux encore D'ACIDE PHÉNIQUE.

Il devra donc s'entendre avec la municipalité pour qu'un CRÉDIT SPÉCIAL lui soit ouvert au budget afin qu'il ait sans cesse sous la main les désinfectants recommandés par le Conseil d'hygiène.

Dans le cas où le Conseil municipal se refuserait de pourvoir à cette dépense, de première nécessité, l'Instituteur signalera le refus dans un rapport motivé qu'il adressera à l'Inspecteur primaire.

Elèves. — Les enfants doivent entrer en classe LAVÉS et PEIGNÉS.

Maladies. — Dès qu'une maladie épidémique ou contagieuse se déclare dans une localité, l'Instituteur doit en informer l'Inspecteur primaire en ayant soin de lui faire tenir un état indiquant les nom, prénoms, âge, profession des personnes atteintes.

Le MAIRE est tenu aux mêmes obligations vis-à-vis du Sous-Préfet ou du Préfet, et, dans un rapport motivé, il demandera, s'il y a lieu, la fermeture de l'école.

La santé publique est chose grave. Il convient donc que l'administration supérieure soit informée de tous les faits qui peuvent la compromettre.

En agissant avec promptitude on parvient toujours à enrayer le mal dès le début.

Extrait du rapport de M. le docteur Delpech, adopté par le Conseil d'hygiène publique et de salubrité, dans sa séance du 22 août 1879. — Il n'est point sans difficulté d'exposer les premiers caractères des maladies contagieuses qui peuvent atteindre les enfants reçus dans les salles d'asile et les écoles primaires, avec une précision assez grande pour que les instituteurs puissent les reconnaître dès l'abord. Ces affections ne revêtent point toujours, en effet, dès leur origine, et à une époque où elles peuvent cependant déjà se transmettre, des caractères tranchés, même pour le médecin le plus instruit et le plus expérimenté. Il est, par suite, absolument impossible de les rendre, par une courte description, facilement reconnaissables pour des personnes très éclairées et très intelligentes, sans doute, mais peu familiarisées avec l'observation médicale. Mais la plupart d'entre ces maladies et celles en particulier dont il est le plus nécessaire de préserver les enfants, en raison de la rapidité de leur marche et de leur puissance de diffusion, présentent heureusement, à leur début, des caractères communs qui, à défaut d'un diagnostic précis, permettront, ce qui est important surtout, de faire reconnaître l'opportunité de l'isolement des enfants qui en sont atteints.....

Les maladies contagieuses peuvent être rangées en deux classes : celles qui s'accompagnent de fièvre et celles dans lesquelles la série des symptômes qui constituent la fièvre n'existe point.

Or, les maladies éruptives, qui tiennent, comme fréquence et comme gravité, le premier rang parmi les maladies contagieuses propres à l'enfance, sont des maladies fébriles ; on aura donc rempli, pour la plus grande part, le but de préservation qui est l'objet de cette note, en éloignant de la classe ou de la salle d'asile, et en maintenant chez ses parents, tout enfant atteint de fièvre.....

L'enfant fébricitant est peu apte au travail, il ne profiterait point de sa présence à la classe, et de plus, la fièvre, quelle que soit sa cause, exige, avant tout, du repos, une température modérée et constante, et un régime spécial. Elle ne peut que s'aggraver par la fatigue qui résulterait des allées et venues de l'enfant, exposé de plus aux intempéries des saisons.

Tout enfant atteint de fièvre sera donc éloigné de ses condisciples, et avec plus de soin que jamais, dans les moments où règnent les fièvres éruptives. La fièvre dont il est frappée est-elle éphémère, dépend-elle d'une indisposition sans gravité, l'enfant reviendra promptement à l'école; est-elle le premier symptôme d'une maladie sérieuse et durable, on l'aura placé dans les circonstances les plus favorables à sa guérison ; est-elle enfin contagieuse, on en aura préservé les autres enfants en étant utile à lui même.

L'existence de la fièvre chez les enfants qu'ils dirigent doit donc être, pour les instituteurs, les institutrices et les directrices, l'objet d'une recherche attentive, lorsqu'ils se plaignent d'une indisposition.

Or, s'il est parfois difficile de constater certains caractères de la fièvre, son existence même est en général facilement reconnue par des personnes même étrangères à la médecine.

L'augmentation de la température du corps, l'accélération du pouls, en sont les principaux caractères.

L'augmentation de la chaleur se perçoit par l'application de la main sur la peau du malade et en particulier sur celle de la poitrine, de l'aisselle et souvent de la face et du front. L'accélération du pouls ne peut se constater exactement qu'au moyen de la montre; mais il est possible, avec un peu d'habitude, de se rendre compte d'une manière approximative de sa fréquence plus grande et de sa dureté plus prononcée.

A ces deux signes de la fièvre, il faut joindre les frissons ou la sueur, la soif plus vive, le manque d'appétit, la langue plus ou moins blanche, ou rouge ou sèche, la coloration du visage, l'éclat exagéré ou l'alanguissement des yeux, le malaise général, la fatigue, la courbature, le mal de tête, l'abattement intellectuel ou l'excitation et le délire. Ces caractères, ou plusieurs d'entre eux, diversement groupés et d'une intensité variable, ne laisseront cependant en général aucun doute sur la présence d'un état fébrile.

L'enfant renvoyé dans sa famille ou qui y aura été retenu malade pendant plus d'une semaine par la volonté de ses parents, devra, pour rentrer à la classe, présenter une autorisation signée par le médecin-inspecteur.

Tout importantes qu'elles soient, les considérations qui précèdent resteraient insuffisantes, même en ce qui concerne les maladies contagieuses fébriles, si les principaux symptômes de celles-ci n'étaient point rapidement indiqués.....

Il est important d'établir, dès l'abord, qu'il ne faut jamais se fonder sur la légèreté d'un cas de maladie contagieuse pour attacher moins d'importance à l'empêcher de se propager.

Les fièvres éruptives, qui sont le type des maladies contagieuses fébriles de l'enfance, seront examinées les premières. Elles comprennent quatre maladies bien connues :

La variole,
La varicelle,
La rougeole,
La scarlatine.

Nous en rapprocherons les oreillons qui leur ressemblent par quelques-uns de leurs caractères, quoiqu'ils ne s'accompagnent pas d'éruption.

En second lieu viendront :

La stomatite ulcéreuse,
L'angine couenneuse ou diphtéritique et le croup,
La dyssenterie,
La fièvre typhoïde,

affections qui ont pour siège principal les voies digestives.

Puis viendront :

La coqueluche, qui atteint les voies respiratoires;

et les inflammations contagieuses des yeux :

L'ophthalmie catharrale,
L'ophthalmie purulente.

Au dernier rang seront placées les affections parasitaires :

La gale, affection parasitaire animale,
Et les teignes :
La teigne faveuse,

La teigne tonsurante,
La teigne décalvante,
dues à des parasites végétaux.

Comme appendice viendra une névrose (l'épilepsie), qui, chez les enfants en particulier, se développe assez fréquemment sous l'influence de la terreur causée par la vue d'une attaque épileptique. C'est là encore un genre de contagion.

FIÈVRES ÉRUPTIVES. — A. — *Variole.* — La variole ou petite vérole est très rare dans les asiles et écoles, où le certificat de vaccine est exigé, et où les enfants n'ont pas, pour la plupart, atteint l'âge auquel la vaccine a perdu une partie de sa puissance préservatrice.

La variole débute par de la fièvre, des vomissements, des douleurs de reins.

Après deux jours au moins et trois jours au plus, éruption commençant par la face, constituée par des taches plus ou moins nombreuses, d'abord à peines saillantes, puis se transformant en pustules qui présentent à leur centre une dépression en forme d'ombilic. Elles se terminent par des croûtes qui devront avoir complètement disparu avant la rentrée de l'enfant, qui devra, en outre, avoir été baigné deux ou trois fois.

Toutes les fois qu'un Instituteur pourra faire revacciner ceux de ses élèves qui ont dépassé la 10e année, il devra en saisir l'occasion. En temps d'épidémie de variole, cette précaution est de la plus haute importance.

L'opinion assez répandue que, pendant les épidémies, la vaccine favorise le développement de la variole, est absolument erronée.

B. — *Varicelle.* — Varicelle ou petite vérole volante.

Maladie sans gravité, précédée quelquefois, mais non constamment, par de la fièvre; caractérisée par le développement de bulles de la grosseur d'un petit pois remplies d'un liquide transparent comme de l'eau claire et qui devient plus tard louche ou sanguinolent, et se terminant par des croûtes.

Ces bulles sont précédées par une tache rosée. Elles se montrent par poussées successives, surtout vers le soir, en s'accompagnant en général d'un léger accès de fièvre.

On reconnaît la varicelle, lorsqu'il n'existe qu'un petit nombre de bulles mal caractérisées sur le corps, et en ce qu'il existe toujours dans les cheveux des bulles ou des croûtes.

C. — *Rougeole.* — Au début : malaise, fièvre, éternuements, larmoiement, rougeur des yeux, toux bruyante; plus rarement : saignements de nez, diarrhée passagère.

Après trois ou quatre jours, quelquefois beaucoup plus tôt, apparition au menton et sur la face de petites taches roses irrégulières, en général un peu saillantes, qui gagnent bientôt le corps en proportions variables, et qui peuvent devenir assez abondantes pour le couvrir complètement en laissant entre elles de petites portions de peau plus ou moins pâles et de forme irrégulière.

Pour les petits malades, *conservés chez leurs parents*, et garantis des refroidissements, la rougeole, qui est une maladie très contagieuse, est en général bénigne.

D. — *Scarlatine.* — Début : malaise extrême, fièvre intense, peau sèche et brûlante, mal de gorge, vomissements.

Très rapidement, parfois en même temps que le premier malaise et même avant, le plus souvent à la fin de la journée, chez un enfant jusqu'alors bien portant et qui rentre du dehors, par exemple, apparition subite d'une éruption tantôt générale, tantôt disposée par plaques, sur différents points du corps, à la face, à la partie interne des cuisses, aux aines, aux articulations. Cette éruption est d'une rougeur framboisée, uniforme au premier aspect, mais constituée, à un examen attentif, par un nombre énorme de petits points rouges dont un certain nombre sont plus saillants, acuminés, et se transforment souvent en petites vésicules miliaires.

Très souvent, la pression des articulations, de celles des poignets en particulier, permet de constater l'existence de douleurs à forme rhumatismale.

Aucune maladie n'est d'ailleurs moins semblable à elle-même que la scarlatine, tantôt d'une bénignité extrême, tantôt d'une gravité terrible. Elle est parfois si fugace qu'on n'a le droit d'affirmer son existence qu'à l'époque où l'épiderme s'enlève par larges plaques, surtout aux pieds et aux mains.

Elle est extrêmement contagieuse, et, tandis qu'après une dizaine de jours et après avoir pris un bain, un enfant convalescent de rougeole peut sans danger être mis en contact avec ses camarades, il faut au moins six semaines pour épuiser la puissance de propagation de la scarlatine.

Après les fièvres éruptives, il faut placer, parmi les maladies contagieuses les plus fréquentes de l'enfance, les oreillons qui s'en rapprochent, a-t-il été dit, par quelques caractères.

E. — *Oreillons.* — Début tantôt soudain, tantôt précédé de quelques jours de malaise et même de fièvre parfois très vive.

Puis, sentiment de gêne vers l'articulation de la mâchoire, bientôt suivi d'un gonflement souvent très volumineux, plus ou moins tendu, donnant l'idée d'une fluxion dont il diffère par l'absence de toute douleur dentaire et en ce qu'il tend à gagner, d'une manière plus marquée, le cou, soit en arrière, soit au-dessous de la mâchoire.

Rarement les deux côtés sont pris à la fois : un seul peut rester atteint, mais, le plus souvent, tous deux le sont successivement.

Assez fréquemment encore, un gonflement semblable envahit tout à coup d'autres points du corps et en particulier les organes génitaux.

MALADIES CONTAGIEUSES AYANT LEURS PRINCIPAUX SYMPTOMES VERS LES VOIES DIGESTIVES. — Dans la bouche et dans l'arrière-gorge peuvent se développer deux maladies éminemment contagieuses : la stomatite ulcéreuse et l'angine diphtéritique ou angine couenneuse.

A. — *Stomatite ulcéreuse.* — La stomatite ulcéreuse est quelquefois précédée par un malaise, le plus ordinairement sans fièvre. Elle se caractérise par le développement, sur le bord des gencives, et souvent aussi à l'intérieur des joues, des lèvres et sur le voile du palais, d'ulcérations grisâtres, saignantes, qui tendent à gagner en étendue et en profondeur.

Elle s'accompagne, d'ailleurs, d'une fétidité extrême de l'haleine qui appelle suffisamment l'attention.

B. — *Angine diphtéritique.* — L'angine diphtéritique ou couenneuse est une maladie terrible et éminemment contagieuse.

Elle consiste dans le développement à l'arrière-gorge et spécialement, au début, sur les amygdales, d'une couenne ou concrétion grise ou blanchâtre, quelquefois noircie par du sang altéré, et qui tend à gagner les parties voisines et en particulier le larynx, où elle constitue le croup.

Son début est très insidieux : un peu de gêne en avalant, un léger enrouement sont souvent les seuls symptômes appréciables. Aussi, toutes les fois qu'un enfant les présente, faut-il regarder l'arrière-gorge avec soin, en abaissant la langue avec une cuiller, pour isoler et soigner, dès l'abord, les enfants qui, sous les apparences d'un simple mal de gorge, seraient atteints de diphtérite. Souvent, dès cette époque, on trouve en arrière de l'angle de la mâchoire des glandes engorgées et, dans les cas les plus graves, un gonflement très accentué de cette région et des parties voisines du cou.

Assez ordinairement un enchifrènement du nez, avec écoulement plus ou moins abondant, indice de l'envahissement des fosses nasales par les fausses membranes, a précédé tous les symptômes.

L'angine couenneuse précède presque toujours le croup ou laryngite diphtéritique. En effet, il est rare que le larynx soit envahi d'emblée par les fausses membranes. Développées dans l'arrière-gorge, elles descendent vers les voies respiratoires qu'elles ferment en produisant l'asphyxie. Il ne faut pas confondre le croup, maladie lente et progressive, avec le faux croup. Celui-ci débute subitement, en général vers le milieu de la nuit, chez un enfant presque toujours bien portant pendant la journée précédente. Il se manifeste par une toux très bruyante, tandis que celle du croup est éteinte. La voix est presque toujours assez claire, tandis qu'elle est rauque et voilée dans le croup. Il n'existe ni fausses membranes dans l'arrière gorge, ni glandes en arrière de la mâchoire. Le faux croup est généralement sans gravité ; il n'est pas contagieux.

C. — *Dyssenterie.* — La dyssenterie peut être contagieuse. Il ne faut pas la confondre avec la diarrhée, qui est caractérisée par l'expulsion plus ou moins fréquente de selles liquides.

Dans la dyssenterie, les besoins d'aller à la garde-robe sont fréquents, quelquefois incessants; mais, avec des efforts considérables, l'enfant ne rend que des glaires, le plus souvent teintes de sang et chaque fois en petite quantité.

Il sera, dès l'abord, nécessaire d'empêcher l'enfant de se rendre aux cabinets d'aisance fréquentés par ses camarades. D'ailleurs, les coliques et le malaise le forceront bientôt à abandonner l'école.

D. — *Fièvre typhoïde.* — La fièvre typhoïde se placerait naturellement après les fièvres éruptives et les oreillons.

Mais comme il s'agit ici non pas de classification dogmatique, mais de simples notions pratiques, elle a été placée parmi les affections qui frappent spécialement les organes de la digestion.

Elle débute rarement d'une manière brusque. Les enfants perdent l'appétit et les forces; ils sont fatigués et abattus. Bientôt il se manifeste de la fièvre, un mal de tête intense, de l'obtusion de l'intelligence, de la dureté d'oreille et des bourdonnements, des vertiges, de la difficulté à se tenir debout, le plus souvent des saignements de nez, puis des coliques et de la diarrhée, de la douleur et de la tuméfaction du ventre; la langue est sale, souvent rouge à la pointe et sur les bords; mais déjà l'enfant a dû quitter l'école et a cessé d'être un danger pour ses condisciples.

COQUELUCHE. — Parmi les affections qui frappent spécialement les *voies respiratoires*, il en est une, la coqueluche, qui se propage par contagion, avec une grande puissance. Elle est malheureusement difficile à distinguer à son origine, qui est celle d'un simple rhume avec enrouement. Toutefois, la toux a de la tendance à se produire par quintes isolées et avec une plus grande fréquence la nuit que le jour. Une ou plusieurs semaines peuvent se passer dans cette incertitude; puis la coqueluche se manifeste avec tous ses symptômes.

Elle procède alors par accès ou quintes, plus nombreuses la nuit que le jour, et entre lesquelles, à moins de complications, la toux est nulle ou à peu près nulle.

La quinte débute en général par un sentiment de malaise, pendant la durée duquel l'enfant lutte contre la toux qui va éclater; puis tout à coup celle-ci se déclare par des secousses rapides, se succédant sans interruption et se perpétuant jusqu'à rendre la suffocation imminente.

A ce moment, quelques efforts d'inspiration se produisent; ils sont suivis d'une inspiration sifflante, presque convulsive, à laquelle on donne souvent le nom de reprise et qui est encore suivie souvent de quelques secousses de toux.

Le plus ordinairement, après un moment de repos, il se développe une seconde quinte, plus faible que la première et plus courte, après laquelle l'enfant expectore une masse plus ou moins considérable de mucosités épaisses qui sont en partie rejetées au dehors, en parties avalées. Souvent il rejette en même temps les aliments contenus dans l'estomac.

C'est l'expectoration, qu'elle se montre après une seule quinte ou seulement après la seconde, qui met fin à l'accès, après une durée de 16 secondes à 1 minute environ.

La coqueluche, surtout chez les jeunes enfants, se complique souvent d'accidents graves et même mortels; il faudrait donc isoler immédiatement ceux qui en sont atteints même à un degré très léger.

OPHTHALMIES. — Parmi les maladies qui doivent attirer l'attention des Instituteurs et surtout des directrices d'asile, il faut attacher une grande importance aux ophthalmies. Il en est deux, l'ophthalmie catarrhale et l'ophthalmie purulente, qui sont l'une et l'autre très contagieuses. La seconde surtout peut amener rapidement la perte d'un œil et même des deux yeux. Elles sont surtout à craindre chez les très jeunes enfants, mais elles peuvent se transmettre à des enfants plus âgés et même aux adultes.

Ces deux ophthalmies ont pour caractère la production d'une sécrétion abondante, puriforme ou purulente, qui baigne les yeux et qui s'échappe entre les paupières. Celles-ci sont en général rouges et tuméfiées : mais comme ce dernier symptôme ainsi que la rougeur de l'œil lui-même peuvent appartenir à d'autres inflammations oculaires, il faut se fonder uniquement, pour reconnaître l'ophthalmie catharrale et l'ophthalmie purulente, sur l'abondance et la quantité de l'écoulement.

MALADIES CONTAGIEUSES PARASITAIRES. — Quatre parasites différents constituant des maladies contagieuses peuvent se rencontrer dans les écoles et asiles : un parasite animal et trois parasites végétaux, d'où résultent deux genres de maladies : la gale et les teignes.

1° *Gale.* — La gale est le résultat de la présence dans l'épaisseur de la peau, sous l'épiderme, d'un animal particulier, l'*acarus scabisi* ou *sarcopte* de l'homme.

Elle est caractérisée par le développement, sur différents points du corps et en particulier aux pieds et aux mains, de petites vésicules transparentes qui déterminent une assez vive démangeaison.

On les recherche surtout aux mains, dans l'intervalle des doigts et aux poignets. Souvent elles ont été écorchées par les ongles des malades et sont remplacés par une petite croûte brunâtre. Il en part fréquemment une petite traînée blanchâtre grisâtre ou brune, de 2 à 5 millimètres de long, ressemblant à une légère égratignure et se terminant par une petite bosselure d'une couleur plus foncée.

Cette traînée est la trace du sillon que la femelle se creuse sous l'épiderme. Elle en habite le fond, au-dessous de la bosselure, d'où il est assez facile de l'extraire et où elle dépose ses œufs.

L'acare de la gale est un animal nocturne; il en résulte que l'on contracte cette maladie assez rarement pendant le jour. Mais cette observation n'a rien d'absolu ; il faut donc éloigner de l'école les enfants qui en sont atteints et prévenir les familles de les faire coucher seuls. D'ailleurs la gale peut se guérir en quelques heures, si elle est convenablement traitée.

2° *Teignes.* — Les teignes sont au nombre de trois :

A. La teigne faveuse,
B. La teigne tonsurante,
C. La teigne décalvante.

Elles résultent de la présence à la surface du corps, et plus particulièrement du cuir chevelu, de végétaux parasitaires d'une organisation très élémentaire et dont la nature intime ne peut être démontrée qu'à l'aide du microscope. Ils se transmettent d'un individu à un autre au moyen de semences extrêmement ténues, nommées spores ou sporules. Chaque teigne a son végétal spécial et des symptômes particuliers.

A. — *Teigne faveuse.* — La teigne faveuse est la teigne proprement dite. Le végétal qui la constitue est l'achorion de Schœnlein.

Elle siège généralement au cuir chevelu, bien qu'elle puisse occuper toutes les parties garnies de poils. Elle se reconnait à la décoloration des cheveux et des poils, devenus d'abord grêles et cassants, et à la production de croûtes jaunâtres, inégales, variables par leur étendue et leur saillie, constituées par des espèces d'écailles creusées en godets.

Ces croûtes sont uniques ou multiples; en se réunissant, elles peuvent occuper la plus grande partie et même la totalité du cuir chevelu.

Les plaques croûteuses se dessèchent, se brisent et se divisent en fragments et en poussières qui se répandent de tous côtés et vont propager la maladie.

Les enfants accusent toujours de violentes démangeaisons; ils se grattent et favorisent la destruction des croûtes et leur diffusion. Leur tête exale une odeur fétide toute particulière, analogue à celle de l'urine de chat.

La teigne faveuse est très contagieuse. Tout enfant qui en serait atteint doit être éloigné des asiles et écoles jusqu'à sa complète guérison, certifiée par le médecin-inspecteur.

B. — *Teigne tonsurante.* — Végétal : le tricophyton tonsurant.

Cette affection, très contagieuse, est caractérisée par des plaques arrondies, siégeant plus particulièrement sur le cuir chevelu et reconnaissables à ce que les cheveux y sont grêles, friables, moins colorés que ceux des parties voisines. De noirs ou de blonds, ils sont devenus rougeâtres ou d'un gris cendré. De plus, ils sont rompus très également à deux ou trois millimètres au-dessus du niveau de l'épiderme. Il se forme ainsi une véritable tonsure qui peut avoir l'étendue d'une pièce de deux ou de cinq francs et au-delà.

Tantôt il n'existe qu'une seule plaque, tantôt il s'en développe plusieurs dont l'extension progressive détermine la réunion et qui peuvent envahir ainsi la plus grande partie de la tête.

La surface des plaques est inégale et parsemée d'aspérités; elle est hérissée de débris grisâtres, pulvérulents et d'une teinte un peu bleuâtre. Elle est comme chagrinée.

C. — *Teigne décalvante.* — Végétal : le microsporon d'Audoin.

La teigne décalvante est caractérisée par la chute des cheveux sur des plaques d'une étendue variable à partir de celle d'une pièce de vingt centimes. Au lieu d'être rompus comme dans la teigne tonsurante, ils ont absolument disparu, laissant la peau douce, unie et d'une blancheur remarquable.

C'est cette particularité qui a valu à la teigne décalvante le nom de *pelade*.

La chute des cheveux est souvent, comme dans les deux autres espèces de teigne, précédée et accompagnée de démangeaisons.

Les sourcils et, chez les adultes, les parties du corps couvertes de poils, peuvent être dénudés par l'affection parasitaire comme le cuir chevelu.

Elle peut, par la multiplicité des plaques et leur développement en surface, laisser le corps entier complètement dépourvu de poils.

Parfois, mais non constamment, ceux-ci subissent avant leur chute les altérations de force et de couleur déjà décrites.

La pelade, la plus innocente en apparence des teignes, est peut-être la plus dangereuse, en ce sens qu'elle peut passer longtemps inaperçue. Un enfant, dans ses cheveux épais, peut avoir une ou plusieurs petites plaques dénudées sans qu'on y fasse attention, et pendant cette période, il peut communiquer à ses camarades une affection dont il n'a pas même conscience. Les deux moyens les plus habituels de sa propagation dans les écoles sont l'habitude que les enfants ont, dans les jeux, de prendre la coiffure les uns des autres, et celle des personnes chargées de leur toilette de peigner et de brosser avec les mêmes peignes et brosses un certain nombre d'entre eux. Cette dernière pratique doit être absolument interdite; elle a souvent répandu la pelade chez un grand nombre d'élèves d'une même maison d'éducation. Il faut aussi inspirer aux enfants une répugnance salutaire, qu'ils garderont utilement toute leur vie, pour une facilité trop grande à se servir de la coiffure des autres personnes. C'est, en effet, pour les adultes, par ce moyen que se propagent les maladies du cuir chevelu, lorsqu'elles ne sont point contractées, ce qui peut-être est plus fréquent encore chez les coiffeurs, en raison de l'usage commun des peignes et des brosses qu'ils emploient..

ÉPILEPSIE. — Une des maladies les plus terribles, l'épilepsie, se transmet, et cela plus particulièrement chez les enfants, par la vue d'une attaque épileptique, que ce soit l'exemple, que ce soit l'épouvante qui la fasse naître. Il faut donc éloigner à tout prix des écoles les enfants qui en sont atteints et qui, frappés subitement d'une attaque, peuvent devenir dangereux pour leurs condisciples.

Si une attaque imprévue venait à se produire, il faudrait immédiatement éloigner les autres élèves, pour leur en éviter le spectacle. On leur dirait, par exemple, sans prononcer le nom de la maladie, qu'il s'agit d'une syncope, que leur camarade se trouve mal, que sa maladie n'a aucun danger, qu'il va revenir à lui, mais qu'il a besoin de calme et de silence et qu'il faut le laisser seul..

Le vertige épileptique, au point de vue spécial des écoles, n'a d'importance qu'en ce qu'il annonce souvent pour l'avenir de grandes attaques dont il est le diminutif. C'est à ce titre qu'il doit entraîner l'éloignement des enfants qui en sont atteints; car, par lui-même, il ne se transmettrait point, et, le plus ordinairement même, il passe à peu près inaperçu, du moins quant à sa signification.

Il n'en est pas de même du *grand mal*, de l'attaque épileptique, proprement dite.

Qu'il soit ou non précédé d'une sensation prémonitoire, il débute brusquement. L'enfant pâlit et tombe privé de connaissance et frappé d'insensibilité, quelquefois en jetant un cri; le corps se raidit, il est agité de mouvements convulsifs peu étendus d'abord, plus intenses ensuite, et parfois tellement violents que les malades peuvent se blesser gravement en se frappant sur la terre et sur les objets qui les avoisinent, mais se passant sur place et sans déplacement important du corps.......................................

L'épilepsie peut atteindre les deux sexes. Une autre affection convulsive bien moins grave, connue généralement sous le nom d'*attaque de nerfs*, peut frapper les plus âgées parmi les jeunes filles des écoles. Rarement, cependant, elle se manifeste à, une époque aussi peu avancée de la vie. Si toutefois une enfant en présentait les symptômes, elle devrait être éloignée de ses compagnes. L'imitation, en effet, est une cause puissante de leur développement, qui, une fois produit, peut avoir pour l'avenir les circonstances les plus douloureuses.

Il faut étendre d'ailleurs à toutes les névroses convulsives ce qui vient d'être dit des attaques de nerfs. L'une d'elles, la *danse de Saint-Guy*, ou chorée, consiste dans la production de mouvements involontaires, irréguliers, qui peuvent envahir tout le corps ou se borner aux membres, au cou, à la face. Tantôt presque insaisissable, en raison de son peu d'intensité, elle peut acquérir des proportions très cruelles, empêcher la marche, détruire toute possibilité de mouvements volontaires et s'opposer absolument, par exemple, à ce que l'enfant puisse porter les aliments à la bouche, en raison du désordre de ses actes musculaires.

Presque absolument réservée aux jeunes filles, cette affection peut, dans une certaine mesure, se transmettre par imitation. C'est, d'ailleurs, un spectacle pénible et non sans danger à donner aux autres enfants que celui de cette agitation constante et douloureuse, et les choréiques doivent être exclues des écoles.

Les enfants, très imitateurs, peuvent contracter de mauvaises habitudes qui, sans inconvénient pour la santé, peuvent cependant avoir pour leur avenir de regrettables conséquences.

ANNEXES

Instruction militaire. — « L'application du décret du 6 juillet 1882, réglant l'organisation des bataillons scolaires, a fait naître des doutes relatifs aux conditions dans lesquelles l'instruction militaire peut être donnée aux enfants réunis en nombre insuffisant pour constituer un bataillon, ou à ceux qui, en raison de leur instruction incomplète, ne font pas encore partie d'un bataillon.

« L'admission des enfants dans le bataillon scolaire exige de leur part des connaissances militaires assez étendues, et qui ne peuvent leur être données que par des exercices préparatoires nombreux.

« D'autre part, certains centres de population, relativement faibles et isolés des centres voisins, ne peuvent que difficilement arriver à former le groupe minimum de 200 enfants, prévu par le décret.

« Afin de permettre le développement le plus complet possible de l'enseignement de la jeunesse, il importe de tenir compte de ces circonstances, et de laisser aux établissements scolaires les plus grandes facilités pour donner aux enfants l'instruction dont il s'agit.

« Ces facilités sont, d'ailleurs, implicitement accordées par le décret qui, en précisant le degré d'instruction du bataillon scolaire au moment de sa constitution, ne pouvait interdire aux enfants les exercices militaires indispensables pour leur donner cette instruction.

« En conséquence, les établissements scolaires sont autorisés à exercer en armes, à l'intérieur et à l'extérieur, dans les conditions prévues par le décret du 6 juillet 1882, les enfants dont l'instruction militaire est encore incomplète, ou ceux qui, bien que suffisamment instruits, ne sont pas assez nombreux pour former un bataillon. » (*Circulaire ministérielle du 20 décembre 1882.*)

Ecoles primaires supérieures. — *Arrêté du 3 janvier 1882 concernant les examens d'aptitude aux bourses de l'Etat.*

DU CONCOURS

Article premier. — Tous les ans, au chef-lieu de chaque département, il est ouvert un concours d'aptitude aux bourses fondées par l'Etat.

Le concours a lieu du 15 au 30 avril. La date en est fixée par le Ministre; elle est la même pour tous les départements. Elle est annoncée un mois au moins avant l'ouverture de la session.

Art. 2. — Les sujets de composition sont choisis par le Ministre et adressés, sous pli cacheté, au président de la commission d'examen, quatre jours au moins avant l'ouverture du concours.

Art. 3. — La commission d'examen est nommée, dans chaque département, par le Recteur de l'Académie.

Elle se compose :

De l'Inspecteur d'Académie, président;

D'un Inspecteur de l'enseignement primaire, secrétaire;

D'un directeur ou d'une directrice d'école primaire supérieure, et de deux professeurs de l'enseignement secondaire public.

Art. 4. — Les candidats aux bourses doivent se faire inscrire dans les bureaux de l'inspection académique, du 20 mars au 10 avril.

Chacun d'eux joint à sa demande d'inscription : (*voir les pièces énumérées page 2.*)

Si le candidat n'est pas encore pourvu du certificat d'études primaires, il est admis à concourir conditionnellement, à la charge par lui d'obtenir ce certificat à la première session qui suit l'examen.

Dans sa demande d'inscription, et suivant la série à laquelle il appartient, le candidat désigne l'établissement dans lequel il désire être placé; il est, autant que possible, tenu compte de son désir.

Art. 5. — Les candidats sont divisés en deux séries, et subissent un examen différent suivant la série à laquelle ils appartiennent.

La première série comprend les candidats âgés de 12 ans au moins et de 14 au plus, au 1er octobre de l'année de l'examen; la seconde série comprend les candidats âgés de 14 ans au moins et de 16 au plus, à la même date.

Art. 6. — Les candidats des deux séries subissent des épreuves écrites et des épreuves orales.

Art. 7. — Les épreuves écrites et les épreuves orales sont réparties comme suit dans chaque série.

EPREUVES ECRITES

PREMIÈRE SÉRIE

(De 12 à 14 ans.)

1° Dictée d'orthographe servant d'épreuve d'écriture;
2° Composition d'arithmétique;
3° Composition française.

DEUXIÈME SÉRIE

(De 14 à 16 ans.)

1° Dictée d'orthographe servant d'épreuve d'écriture;
2° Composition d'arithmétique et de géométrie plane;
3° Composition française;
4° Composition de dessin.

EPREUVES ORALES

PREMIÈRE SÉRIE

1° Lecture expliquée, avec interrogations sur la grammaire et analyse grammaticale d'une phrase;

2° Interrogations sur l'arithmétique;

3° Interrogations sur l'histoire et la géographie de la France, et particulièrement sur la géographie du département;

4° Interrogations sur l'instruction morale et civique.

DEUXIÈME SÉRIE

1° Lecture expliquée, avec interrogations sur la grammaire et analyse grammaticale et logique d'une phrase;

2° Interrogations sur l'arithmétique et la géométrie plane;

3° Interrogations sur l'histoire de France et sur la géographie générale, et particulièrement sur la géographie de la France;

4° Interrogations sur l'instruction morale et civique;

5° Interrogations sur les éléments des sciences physiques et naturelles.

Art. 8. — La dictée d'orthographe, dans la première série, comprend quinze lignes environ et vingt lignes dans la deuxième. Elle est lue à haute voix, dictée lentement et relue.

La ponctuation n'est pas dictée.

La composition d'arithmétique, dans la première série, comprend un ou deux problèmes sur les quatre règles, sur le système métrique, les fractions ordinaires et décimales, la règle de trois et la règle d'intérêt; dans la deuxième série, elle comprend : 1° un problème d'arithmétique portant sur les matières ci-dessus énumérées, et, en outre, sur les règles d'alliage et de mélange; 2° une question sur la géométrie plane.

La composition française, dans la première série, consiste dans un récit ou une lettre d'un genre simple, dans l'explication d'un proverbe ou d'une pensée morale; dans la deuxième série, elle pourra porter, en outre, sur une question d'instruction morale et civique.

Art. 9. — Il est accordé aux candidats dix minutes pour relire leur composition d'orthographe; une heure et demie pour les compositions de la première série, et deux heures pour les compositions de la seconde.

Art. 10. — Les épreuves écrites commencent, le matin, à 9 heures, et, le soir, à 1 heure 1/2; elles ont lieu dans l'ordre suivant : première série, matin : orthographe, arithmétique; soir : composition française.

Deuxième série, matin : orthographe, composition française; soir, dessin, arithmétique et géométrie.

Art. 11. — Dans les deux séries, l'épreuve d'orthographe est appréciée comme suit :

Pour une dictée sans faute : 10 points;

Avec une demi-faute : 9 points.

Avec une faute : 8 points, et ainsi de suite, chaque demi-faute, enlevant un point.

Les fautes contre la grammaire et l'orthographe d'usage sont comptées une faute. Il peut y avoir, dans le même mot, une faute contre la grammaire et une faute contre l'orthographe d'usage.

Chaque faute d'accentuation compte pour un quart, à moins qu'elle ne dénature le sens du mot, auquel cas elle compte pour une demi-faute.

Les lettres majuscules, les cédilles, les traits-d'union, etc., omis ou placés là où il n'en faut pas, comptent 1/8 de faute, sans que l'ensemble puisse dépasser une demi-faute.

Les fautes de ponctuation sont évaluées dans leur ensemble, et ne peuvent compter pour plus d'une demi-faute. Toutefois celles qui dénotent l'inintelligence du texte peuvent être comptées pour un quart de faute.

Art. 12. — Toutes les autres épreuves, soit orales, soit écrites, y compris l'écriture, sont appréciées d'après l'échelle de 0 à 10.

Toute épreuve nulle, soit à l'examen écrit, soit à l'examen oral, entraîne l'ajournement du candidat.

Les compositions écrites sont éliminatoires.

Pour les épreuves écrites, tout candidat de la première série qui n'a pas obtenu 15 points, et tout candidat de la seconde qui n'a pas obtenu 20 points, est ajourné.

Pour les épreuves orales, tout candidat de la première série qui n'a pas obtenu 20 points, et tout candidat de la seconde qui n'a pas obtenu 25 points, est ajourné.

Art. 13. — L'épreuve orale sur l'instruction morale et civique ne sera obligatoire qu'au concours de 1883. Au concours de 1882, il suffira que les candidats de la première série obtiennent une moyenne de 15 points, et ceux de la deuxième série une moyenne de 20 points à l'examen oral, pour être déclarés admissibles.

Art. 15. — L'admissibilité résultant du concours n'est valable que pour une année.

Constructions scolaires. — *Décret réglant les conditions d'application aux communes de l'Algérie de la loi du 20 juin 1885, relative aux subventions de l'Etat pour constructions et appropriations d'établissements et de maisons destinés au service de l'enseignement.*

Article premier. — La proportion suivant laquelle l'Etat contribuera au payement des annuités communales, pour constructions et appropriations d'écoles primaires en Algérie, sera fixée conformément aux tableaux ci-annexés, savoir :

1° Tableau D, fixant la proportion de la subvention à allouer en raison de la valeur du centime communal,

Ce centime sera calculé en additionnant :

Le principal des patentes;

Le principal de la contribution foncière sur les propriétés bâties;

5 p. 100 de la valeur locative représentant le principal fictif de la taxe des loyers,

Et le principal des impôts arabes (pour les communes mixtes et indigènes).

2° Tableau E, fixant la proportion de la subvention à allouer, en sus de celle que détermine le tableau D, en raison des charges de la commune.

Le nombre de centimes représentant ces charges sera calculé en divisant par la valeur du centime communal le total des sommes perçues : 1° à un titre de taxe de loyers au-dessus des 5 p. 100 de la valeur locative; 2° à titre de centimes additionnels extraordinaires et pour insuffisance de revenus.

Art. 2. — Il sera ajouté aux subventions revenant aux communes, d'après les tableaux D (*voir page 16*) et E (*voir ci-dessous*), une subvention de 10 p. 100 de la dépense totale réellement effectuée dans les limites des maxima fixés par le tableau A annexé à la loi (*Voir page 15.*)

Art. 3. — Lorsque le chiffre de la subvention, calculé d'après les tableaux D et E et l'article 2 ci-dessus, dépassera 80 p. 100, il devra être ramené à 80 p. 100, conformément à l'article 8, § 2, de la loi du 20 juin 1885.

TABLEAU E *fixant la proportion de la subvention à allouer en raison des charges de la commune.*

CHARGES communales EXPRIMÉES EN CENTIMES	PROPORTION de la SUBVENTION	CHARGES communales EXPRIMÉES EN CENTIMES	PROPORTION de la SUBVENTION
Au-dessous de 5 cent.	3 p. 100 (De l'annuité nécessaire au service de l'emprunt à réaliser, intérêt et amortissement compris.)	De 100 à 119 cent....	10 p. 100 (De l'annuité nécessaire au service de l'emprunt à réaliser, intérêt et amortissement compris.)
De 5 à 9 centimes.	4 —	— 120 à 139 —	11 —
— 10 à 19 —	5 —	— 140 à 159 —	12 —
— 20 à 39 —	6 —	— 160 à 179 —	13 —
— 40 à 59 —	7 —	— 180 à 199 —	14 —
— 60 à 79 —	8 —	200 centimes et au-dessus.	15 —
— 80 à 99 —	9 —		

Crédit foncier. — Emprunts communaux. — Loi du 5 avril 1884. — « Une simple délibération du Conseil municipal suffit pour voter et régler les emprunts remboursables sur les revenus ordinaires dans un délai qui ne dépasse pas 30 ans, ou sur des contributions extraordinaires établies pour 5 années et n'excédant pas 5 centimes. » (*Article 141.*)

« S'il s'agit d'emprunts qui, sans dépasser le délai de 30 ans, sont remboursables au moyen de contributions extraordinaires excédant 5 centimes, mais comprises dans le maximum fixé par le Conseil général, ou encore, s'il s'agit d'emprunts remboursables, dans un délai dépassant 30 ans, à l'aide exclusivement des revenus ordinaires, il est nécessaire et il suffit que la délibération soit approuvée par le Préfet. » (*Article 142.*)

« Enfin, pour tout emprunt remboursable sur contributions extraordinaires dépassant le maximum fixé par le Conseil général, l'autorisation doit être donnée par un décret. Lorsque l'emprunt est remboursable, sur ressources extraordinaires dans un délai dépassant 30 ans, le décret doit être rendu en *Conseil d'Etat*. Si la somme à emprunter dépasse un million, ou lorsque la dite somme réunie au chiffre d'autres emprunts non encore remboursés dépasse un million, une loi doit intervenir. » (*Article 143.*)

Taux d'intérêt. — Le taux d'intérêt des prêts spéciaux, consentis par le Crédit Foncier aux communes, dans les conditions déterminées par la loi du 20 juin 1885, c'est-à-dire pour la construction ou l'agrandissement de leurs établissements d'enseignement primaire, est fixé à 4 fr. 60 pour 100.

NOTA. — *Pour profiter de ce taux de 4 fr. 60, il ne suffit pas que les communes empruntent pour la construction ou l'agrandissement d'établissements scolaires, il est en outre indispensable qu'elles justifient d'une subvention annuelle de l'Etat destinée à payer une partie de l'annuité de leurs emprunts.* (Voir § *Construction scolaire*, page 14 et suivantes.)

Les emprunts dont il s'agit ne peuvent être contractés pour une durée inférieure à 30 ans, ni supérieure à 40 ans.

L'annuité (*comprenant l'intérêt et la somme nécessaire à l'amortissement*) s'élève :

Pour 30	ans à	....	6f 178.990	pour 100
— 31	—	....	6 086.108	—
— 32	—	....	5 999.927	—
— 33	—	....	5 919.828	—
— 34	—	....	5 845.263	—
— 35	—	....	5 775.747	—
— 36	—	....	5 710.849	—
— 37	—	....	5 650.185	—
— 38	—	....	5 593.410	—
— 39	—	....	5 540.215	—
— 40	—	....	5 490.322	—

Cette annuité est payable par moitié tous les six mois.

A l'appui d'une demande de prêt la commune doit transmettre au Crédit foncier les pièces énumérées à la page 19.

Lorsque ces pièces sont parvenues au Conseil d'administration de cet Etablissement, la demande d'emprunt est examinée et avis de la décision est donné à l'emprunteur.

L'emprunteur doit informer le Crédit foncier, au moins 15 jours à l'avance, de la date à laquelle le versement au Trésor doit être opéré, et cette date doit être fixée au 5, au 15 ou au 25 du mois.

L'annuité, comprenant l'intérêt et l'amortissement, commence à courir du 31 janvier ou du 31 juillet qui suit l'époque du consentement du prêt.

Modèle de délibération *relatif à un Emprunt scolaire contracté au Crédit foncier de Fance :*

L'an..... (*date de la réunion, etc..... Indiquer les considérants, etc.....*)

Le conseil a pris les résolutions suivantes :

Article premier. — L'emprunt de la somme de..... (*somme totale*) autorisé par..... (*date du décret*) sera, à la diligence de M. le Maire, contracté auprès du Crédit foncier de France.

Cette somme sera versée au Trésor pour le compte de la commune, après le consentement donné par le Crédit foncier de France à la conclusion de l'emprunt, en une ou plusieurs fois, à l'époque ou aux époques indiquées par le Maire.

Art. 2. — La commune se libèrera de la somme due au Crédit foncier de France, par suite de cet emprunt, en..... années, à compter du 31 janvier ou du 31 juillet qui suivra le consentement du prêt par le Crédit foncier, au moyen de..... annuités de..... chacune, payables par moitié les 31 janvier et 31 juillet de chaque année, et comprenant, outre la somme nécessaire à l'amortissement du capital reçu, l'intérêt du dit capital à 4 fr. 60 p. 100 par an.

Sur les sommes versées avant le point du départ des annuités, le Crédit foncier retiendra l'intérêt applicable au temps à courir depuis l'époque du versement jusqu'au point de départ des annuités.

Il sera tenu compte à la commune de l'intérêt à 3 fr. 60 p. 100 par an, depuis le point de départ des annuités jusqu'à l'époque des versements, sur la portion des sommes empruntées que la commune laisserait entre les mains du Crédit foncier pendant l'année qui suivra le point de départ des annuités.

Le premier semestre d'annuité écherra le 31.....

Art. 3. — Tout semestre d'annuité non payé à l'échéance portera intérêt de plein droit et sans mise en demeure sur le prix de 5 p. 100 par an.

Art. 4. — En cas de remboursement par anticipation, la commune payera l'indemnité prévue par l'article 9 de la loi du 6 juillet 1860, soit 1/2 p. 100 du capital remboursé.

Tout remboursement partiel donnera lieu à une réduction proportionnelle dans le chiffre des intérêts et de la somme destinée à l'amortissement.

Le compte sera toujours établi à la date du dernier semestre d'annuité échu et le capital remboursé par anticipation sera appliqué à cette date, en ajoutant l'intérêt de ce capital, aux taux de 4 fr. 60 p. 100 jusqu'au jour du remboursement.

Art. 5. — Les fonds empruntés seront versés par le Crédit foncier, à Paris, au Trésor public, au crédit du Trésorier-Payeur Général d..... par l'intermédiaire duquel ils seront remis sans frais à la commune.

Les semestres d'annuité sont en principe payables à Paris, au siège de la Société; néanmoins, ils pourront, du consentement du Crédit foncier, être payés dans le département, à la Caisse de M. le Receveur des finances à....., à la condition que les versements seront effectués vingt jours avant les échéances, c'est-à-dire les 10 janvier et 10 juillet.

Titres de capacité. — *Extrait de la circulaire adressée à Messieurs les Recteurs sur l'application des décret et arrêté du 30 décembre 1884.*

Age des candidats. — Les articles 3 et 6 déterminent l'âge requis pour être admis à se présenter aux examens.

Les candidats doivent avoir :

Pour le brevet élémentaire, 16 ans avant le 1er janvier de l'année dans laquelle ils se présentent;

Pour le brevet supérieur, 18 ans révolus avant le jour de l'ouverture de la session;

Pour le certificat d'aptitude pédagogique, 21 ans révolus au moment de leur examen, c'est-à-dire avant le jour de l'ouverture de la session;

Pour le certificat d'aptitude à la direction des écoles maternelles, 21 ans au moment de leur examen, c'est-à-dire aussi avant le jour de l'ouverture de la session. Cette condition d'âge n'est pas imposée aux aspirantes déjà pourvues du brevet élémentaire. Il ne s'agit pas ici d'une dispense pouvant, comme précédemment, être accordée ou refusée, mais d'un droit résultant de la possession même du brevet.

A l'approche de chaque session pour les examens des brevets de capacité élémentaire et supérieur, l'Administration centrale de l'instruction publique reçoit un nombre considérable de demandes formées par les candidats qui sollicitent l'autorisation de se présenter sans remplir les conditions d'âge exigées par les règlements.

L'article 7 du décret, qui ne fait d'ailleurs en cela que reproduire les dispositions des règlements antérieurs, déclare en termes explicites qu'aucune dispense d'âge ni de stage ne pourra être accordée pour aucun examen.

L'Administration est donc dans la nécessité de répondre par un refus formel à toutes les demandes de cette nature.

Sur la proposition du Conseil supérieur, un décret en date du 26 juillet 1885 a maintenu, pour l'année 1886 seulement, les dispositions de l'arrêté du 5 janvier 1881 relatives aux conditions d'âge.

A partir du 1er janvier 1887, les dispositions nouvelles seront strictement appliquées.

Pour le certificat d'aptitude pédagogique, les années passées dans les écoles normales comptent comme années de stage, mais à la condition que le candidat ait suivi les cours de l'école normale pendant la durée ordinaire des études de ces établissements.

Inscription des candidats. — Aux termes de l'article 6 de l'arrêté annexé au décret, les candidats sont tenus de se faire inscrire quinze jours avant la date fixée pour l'examen qu'ils ont à subir.

On ne doit plus entendre, comme précédemment, que la date d'ouverture de la session soit, pour tous les candidats indistinctement, celle à laquelle s'ouvrent les examens du brevet élémentaire des aspirantes. Désormais les inscriptions seront reçues, comme dernier délai, quinze jours avant la date fixée pour l'examen auquel le candidat se présente, et tout candidat qui, à cette date, atteindra l'âge requis devra être inscrit.

En d'autres termes, les candidats au brevet élémentaire devront se faire inscrire quinze jours au moins avant la date de l'ouverture des examens du brevet élémentaire, et les candidats au brevet supérieur quinze jours au moins avant la date des examens du brevet supérieur......

Comme par le passé, le candidat devra produire :

1° Son extrait de naissance;

2° Une demande écrite en entier de sa main et signée par lui. Cette dernière pièce devra désormais être sur papier timbré; la signature sera légalisée par le Maire de la commune. La légalisation est également indispensable pour l'acte de naissance; mais, dans ce cas, elle ne peut être faite que par le président du tribunal de première instance de l'arrondissement ou le juge de paix du canton. Toutefois cette formalité ne peut être exigée : pour l'acte de naissance, que s'il doit être produit en dehors du ressort de l'officier public qui l'a signé; pour la demande, que si le candidat n'est pas domicilié dans la ville où se passent les examens.

Au moment de signer sur le registre d'inscription, le candidat doit reproduire sa signature telle qu'il l'a consignée dans sa déclaration; dans certains cas, cette précaution peut être utile pour la constatation de l'identité.

Un candidat refusé à une session peut toujours se présenter à la session ordinaire ou extraordinaire qui suit.

Les sessions s'ouvrent simultanément dans toute la France; on ne peut donc craindre qu'un candidat se fasse inscrire dans deux départements pour réparer dans l'un l'échec qu'il aurait subi dans l'autre. Il y a cependant une exception à cette règle. A Paris, en raison du nombre toujours très considérable des candidats, la première session pour le brevet élémentaire s'ouvre en juin. Il est bien évident qu'un candidat refusé en juin à Paris ne saurait être autorisé à se faire inscrire dans un département pour se représenter en juillet. Dans le cas où le fait viendrait à se produire et où le candidat aurait réussi, vous devriez, Monsieur le Recteur, refuser de délivrer le diplôme obtenu dans ces conditions. Si la fraude n'était découverte qu'après la délivrance du diplôme, le brevet serait annulé. Le titulaire du brevet qui s'en serait servi pour se faire nommer instituteur et contracter l'engagement décennal se verrait, par suite de l'annulation du diplôme, destitué de ses fonctions et tomberait sous le coup de la loi militaire.

L'arrêté ne rappelle pas que les candidats doivent produire le brevet élémentaire quand ils demandent à être inscrits pour le brevet supérieur. Cette mention était superflue : le brevet supérieur suppose le brevet élémentaire et il va de soi que le candidat qui se présente pour le plus élevé de ces titres doit préalablement justifier de la possession du titre inférieur.

L'article 15 est un de ceux qui me paraissent mériter le plus particulièrement l'attention de MM. les Inspecteurs d'académie et des membres des commissions.

Aux termes de l'arrêté du 5 janvier 1881, l'épreuve de lecture expliquée était double : le candidat devait lire alternativement un passage en prose et un passage en vers. Désormais, elle portera seulement, soit sur un passage en prose, soit sur un passage en vers, au gré de l'examinateur. Mais quelle que soit la nature du morceau choisi, l'épreuve n'en demeure pas moins une des plus importantes de l'examen.

L'épreuve de lecture expliquée doit être, d'après son énoncé même, une épreuve de lecture suivie d'explications. Il importe donc que le candidat commence par lire d'un bout à l'autre le morceau qui lui échoit. Les examinateurs ont d'abord à s'assurer qu'il lit correctement, qu'il comprend et sent ce qu'il lit; ils ne doivent donc pas l'arrêter dès les premiers mots ou la première phrase pour lui poser des questions sur le sens des mots, la liaison des idées, la construction et la grammaire. C'est seulement quand le candidat a terminé sa lecture sans avoir été interrompu et sans s'être interrompu lui-même que l'on peut commencer à l'interroger. Il a ainsi le moyen de saisir le sens au passage, de reconnaître rapidement la construction des phrases, de remarquer certaines règles de grammaire, et il répond avec plus de possession à ce qu'on lui demande.

Précédemment, les interrogations que comporte l'épreuve de lecture devaient rouler sur « le sens des mots et la liaison des idées ». *(Arrêté du 5 janvier 1881.)* En vertu du nouvel arrêté, elles porteront en outre « sur la construction et la grammaire ». Il convient de donner à cette partie de l'épreuve toute sa portée, puisque les exercices grammaticaux n'ont plus d'autre sanction dans l'examen.

Des questions et exercices très élémentaires de solfège ont été introduits dans les épreuves orales du brevet élémentaire. Les mots *très élémentaires* indiquent bien ce qu'a désiré le Conseil supérieur. On ne peut demander à tous les candidats d'être musiciens ni d'avoir de la voix, mais on peut exiger qu'ils possèdent les principes de la musique et qu'ils puissent lire un morceau facile.

Les notions de sciences physiques et naturelles sont, pour la première fois aussi, introduites dans les épreuves du brevet élémentaire. La loi du 28 mars 1882 ayant fait entrer ces premières notions dans le programme des écoles, il était naturel de demander aux aspirants instituteurs de prouver leur aptitude à les enseigner. Mais il convient que les jurys d'examen ne perdent pas de vue le caractère élémentaire et exclusivement pratique que doit avoir cet enseignement dans l'école primaire, où les premières notions de sciences, données la plupart du temps sous forme de leçons de choses, ne sauraient être considérées que comme une introduction, une initiation expérimentale à l'étude proprement dite des sciences physiques et naturelles.

Les décret et arrêté du 30 décembre 1884 ne contiennent aucune disposition relative à la publicité des épreuves orales.

Ces épreuves, publiques pour les aspirants, ne le sont pas, aux termes de l'article 49 de la loi du 15 mars 1850, pour les aspirantes. Néanmoins, l'usage s'est introduit de laisser les mères de famille, ou les institutrices qui présentent des jeunes filles, pénétrer dans les salles où se passent les examens. Je ne pense pas qu'il y ait lieu d'apporter sur ce point aucune modification aux traditions suivies jusqu'ici, sous la réserve que le président de la Commission gardera le droit de recourir à l'application stricte de la loi si les circonstances venaient à l'exiger.

La faculté d'entrer dans les salles d'examen ne peut s'étendre ni aux pères des aspirantes ni, à plus forte raison, à leurs parents.

L'article 16 exige des candidats au brevet élémentaire une épreuve de dessin, croquis coté d'un objet de forme très simple (plan, coupe, élévation) pour les aspirants; dessin au trait pour les jeunes filles.

Cette épreuve consiste :

Pour les aspirants, en un relevé géométral, au trait et coté, d'un objet de forme très simple;

Pour les aspirantes, en un dessin perspectif, au trait, exécuté à vue d'après un objet usuel.

A chaque session, le sujet de l'épreuve sera donné par l'administration. Il sera accompagné d'une notre spécifiant le nombre, la nature des dessins à fournir, le procédé d'exécution, le nombre des candidats à grouper autour d'un même modèle et plus généralement toutes les conditions de l'épreuve. L'Inspecteur d'académie et le président de la commission devront se conformer aux prescriptions de cette note.

Le président du jury avertira les candidats, le jour même de l'ouverture de la session, qu'ils ont à se munir pour les épreuves du dessin :

1° D'une feuille de papier in-8° grand-aigle (0m27 sur 0m32 environ). Le papier devra être blanc, non quadrillé et de bonne qualité;

2° D'un crayon n° 3;

3° D'une gomme à effacer;

4° D'un canif;

5° D'un mètre pliant, divisé, dit *mètre de charpentier*, pour prendre des mesures. Pour les aspirantes, ce mètre est inutile.

Ils devront, en outre, apporter un carton ou une planchette, afin de pouvoir dessiner sur leurs genoux.

Pour plus de sûreté, il serait utile qu'une note imprimée renfermant ces recommandations fût remise aux candidats par les bureaux de l'inspection académique au moment de leur inscription.

Quant à l'épreuve, de gymnastique, exigée des aspirants seulement, elle a uniquement pour objet de constater que les candidats sont en état de faire exécuter aux élèves d'une école les exercices d'assouplissement, les mouvements rythmés qui constituent la gymnastique élémentaire sans appareils. Il est donc inutile de conduire, pour cette épreuve, les candidats dans un gymnase ou de leur faire exécuter des exercices difficiles et compliqués.

Les épreuves de la 3ᵉ série pourront avoir lieu avant les épreuves orales, aussitôt que l'admissibilité aura été prononcée; mais il importe que tous les candidats subissent simultanément l'épreuve de dessin.

Brevet supérieur. Epreuves orales. — L'article 11 du décret du 30 décembre 1884 dispose que, dans aucun cas, les épreuves écrites ou orales ne devront dépasser, pour le brevet supérieur, le niveau moyen des programmes des écoles normales d'instituteurs ou d'institutrices, selon qu'il s'agit des aspirants ou des aspirantes. Ces deux programmes diffèrent sur plusieurs points d'une manière assez notable, et les membres des jurys devront tenir compte de ces différences. Ils sont d'ailleurs, le texte du décret l'indique nettement, un maximum. Les membres du jury sauront donc s'inspirer toujours des besoins véritables de l'école primaire et maintenir l'examen dans les limites que l'enseignement lui-même ne doit pas franchir. Ils n'oublieront pas non plus que l'intention très formelle du Conseil supérieur, intention conforme du reste aux vœux unanimement exprimés dans la grande enquête de 1884 sur la réforme des brevets de capacité, a été, en relevant le niveau des examens du degré élémentaire, de décharger, d'alléger le programme des épreuves du brevet supérieur.

Les épreuves orales de ce dernier examen, notamment sur les sciences physiques et naturelles, tout en dépassant d'une manière sensible le niveau adopté pour les mêmes matières à l'examen du brevet élémentaire, ne doivent perdre ni le caractère général, ni le caractère pratique dont je viens de parler.

On a demandé, au sujet des « questions d'histoire littéraire limitée aux principaux auteurs *du XVIᵉ au XIXᵉ siècle* » qui doivent être posées aux candidats, si les examinateurs pouvaient faire porter leurs interrogations tant sur les auteurs du XVIᵉ siècle que sur les écrivains contemporains.

L'intention du Conseil supérieur a été d'introduire dans le programme du brevet supérieur l'étude de l'histoire littéraire depuis et y compris le XVIᵉ siècle jusqu'au XIXᵉ siècle inclusivement. Mais il ne s'agit pas, le texte l'indique clairement, d'une histoire littéraire complète, et les interrogations doivent être limitées aux grands auteurs français dont un maître instruit ne doit ignorer ni le nom ni les œuvres principales.

Langues vivantes. — L'épreuve de langues vivantes, qui demeure facultative jusqu'au 1ᵉʳ janvier 1888, a été limitée par le Conseil à la traduction à livre ouvert d'une vingtaine de lignes d'un texte facile. Des interrogations seront faites au candidat pendant la durée de l'épreuve. Le Conseil a pensé qu'un quart d'heure d'examen oral suffirait aux examinateurs pour se rendre compte de la prononciation du candidat et de ses connaissances sur le vocabulaire, la grammaire et les règles fondamentales de la langue qu'il a étudiée. Les épreuves écrites ont donc été supprimées.

Les langues sur lesquelles les candidats peuvent être interrogés sont l'anglais, l'allemand, l'italien, l'espagnol ou l'arabe. Tout candidat, dans sa demande d'inscription, doit faire connaître celle de ces langues sur laquelle il désire être examiné.....

A partir de 1888, le brevet devra nécessairement contenir l'indication de la langue pour laquelle le candidat s'est présenté.

On a demandé si les candidats au brevet élémentaire pouvaient, comme par le passé, être admis à subir l'épreuve de langues vivantes et obtenir, en cas de succès, la mention de cette matière sur leur diplôme.

Le nouveau règlement réserve exclusivement au brevet supérieur les interrogations sur les langues vivantes qui deviendront obligatoires en 1888 pour l'obtention de ce titre. Il n'y a donc pas lieu de faire subir cette épreuve aux candidats au brevet élémentaire. Toutefois, un certain nombre de brevetés ayant cru de bonne foi qu'ils pourraient faire inscrire la mention sur leur diplôme en passant l'examen, j'ai décidé que les candidats qui ont obtenu le brevet élémentaire antérieurement au 1er janvier dernier pourraient, à titre exceptionnel, subir cette épreuve spéciale dans les sessions de juillet et d'octobre 1886.

Certificat d'aptitude pédagogique. — Le temps accordé par la réglementation antérieure pour l'épreuve écrite du certificat d'aptitude pédagogique était de 4 heures. Le Conseil supérieur a réduit à 2 heures la durée de la composition. Il a pensé que, sur les sujets relatifs à la tenue et à la direction d'une école, sujets familiers aux candidats, qui doivent avoir au moins deux années de stage, un maître pouvait, dans une composition de moindre étendue qu'autrefois, faire preuve d'expérience, de sagacité, de bon sens, et donner à la commission les moyens de l'apprécier et de le juger.

La leçon devra être tirée au sort. Bien que le texte soit muet sur ce point, il paraît convenable d'appliquer à l'examen du certificat d'aptitude pédagogique les règles généralement usitées en pareil cas.

Une heure et demie est accordée pour la préparation des deux épreuves réunies de la leçon et de la correction du devoir. Le devoir à corriger, le cahier de devoirs mensuels à apprécier et le sujet de leçons devront donc être remis simultanément aux candidats une heure et demie avant le moment auquel ils seront appelés à se présenter devant le jury.

Le jury n'aura à donner, pour les épreuves orales, que deux notes distinctes : l'une pour la leçon, l'autre pour la correction du devoir et l'appréciation du cahier de devoirs mensuels. Les questions de pédagogie pratique et élémentaire qui doivent nécessairement, aux termes du paragraphe 4, être posées au cours des deux épreuves précédentes, ne donnent pas lieu à une note séparée.

Le Conseil supérieur, en passant sous silence la question de savoir si l'examen oral aurait lieu devant un auditoire d'élèves ou devant le jury seulement, a entendu laisser sur ce point aux commissions d'examen leur liberté d'action.

Elles devront donc, après en avoir délibéré, adopter la méthode qui leur paraîtra la meilleure pour apprécier la valeur et la capacité professionnelle des candidats.

Certificat d'aptitude à la direction des Écoles maternelles. — Epreuves écrites. — L'arrêté ne fixe pas la durée des épreuves écrites de cet examen. J'ai pensé qu'il y avait lieu d'attribuer à ces épreuves le temps accordé pour les compositions similaires du brevet, savoir :

Arithmétique, 1 heure 1/2;
Rédaction, 1 heure 1/2;
Dessin, 1/2 heure;
Travaux à l'aiguille, 3/4 d'heure.

L'article 26 a paru devoir donner lieu à des interprétations différentes. On s'est demandé ce qu'il fallait entendre par épreuves de la première série d'une part, épreuves de la deuxième et de la troisième série de l'autre.

Il me paraît résulter de l'ensemble des dispositions du décret et de l'arrêté que les examens se divisent en deux parties bien distinctes : les compositions *écrites* qui donnent droit à l'admissibilité, les épreuves *orales* et, s'il y a lieu, les épreuves *pratiques*, qui ont pour résultat l'admission ou l'ajournement définitif du candidat.

Je suis donc d'avis que, par épreuves de la première série, il faut entendre les compositions écrites, et par épreuves de la deuxième et de la troisième série, l'ensemble des épreuves subies après l'admissibilité. (*Circulaire ministérielle du 29 mai 1886.*)

Chemin de fer. — *Avis relatif aux voyages à demi-tarif, inséré au Bulletin administratif du 24 juillet 1886 :*

A la suite de réclamations formées par les compagnies de chemins de fer, l'Administration croit utile de rappeler que les cartes de voyage à demi-tarif ne doivent servir que pour un *seul voyage*, soit d'aller et retour, soit circulaire; une fois rentré à son point de départ, l'Instituteur ne peut voyager de nouveau à demi-tarif que sur la production d'un nouveau bulletin de demande.

La mention « *valable pendant un délai de deux mois à partir du.....* » a été à tort interprétée par certains Instituteurs comme impliquant la faculté, après avoir effectué les trajets auxquels la demande s'applique, de continuer à user de la carte jusqu'à l'expiration du délai fixé.

Du reste, pour éviter toute erreur, les cartes qui seront imprimées après l'épuisement du stock actuellement existant devront porter la mention ci-dessus ainsi modifiée :

Valable pour un seul voyage aller et retour et pendant un délai de deux mois.

Pension de retraite. — *Circulaire ministérielle du 12 février 1886 relative à l'admission à la retraite des Instituteurs :*

Monsieur le Préfet, la circulaire du 16 juillet 1885 n'a pu être exactement appliquée dès la fin de l'année, en raison du grand nombre de demandes de pension auxquelles l'insuffisance du crédit mis à ma disposition l'année dernière ne m'a pas permis de donner suite immédiatement. Comme j'attache une grande importance à ce que ces prescriptions soient très régulièrement observées à l'avenir, j'ai jugé utile de vous donner quelques instructions complémentaires sur certains points.

Le but principal de la circulaire est de vous prescrire de maintenir les Instituteurs en fonctions jusqu'à la date fixée par l'arrêté ministériel de mise à la retraite. Mon intention étant de n'admettre à faire valoir leurs droits à la retraite que les Instituteurs dont la pension peut être immédiatement liquidée, il m'a paru indispensable, pour que ces maîtres ne soient pas trop longtemps privés à la fois de leur traitement et de leur pension, de les laisser en activité jusqu'au moment où leurs droits pourront être vérifiés. De plus, afin que mon Administration puisse statuer en connaissance de cause lorsqu'il y aura lieu de préparer les arrêtés d'admission, vous voudrez bien :

1° Remplacer sur les états de services la mention : *admis à faire valoir ses droits à la retraite à dater du...* par celle ci : *M. X... est encore en fonctions*, ou, dans des cas exceptionnels, et alors vous devez m'en référer immédiatement, par ces mots : *M. X... a cessé ses fonctions le...* ;

2° Veiller à ce que le décompte de la moyenne des six meilleures années ne soit pas arrêté au jour de l'envoi du dossier, mais comprenne, s'il y a lieu, le traitement de l'année courante entière. Il est juste, en effet, si ce traitement a été choisi par l'Instituteur pour base de sa liquidation, de le faire figurer dans le calcul de la moyenne jusqu'à la cessation des fonctions.

Enfin, vous devrez me transmettre vos propositions assez longtemps à l'avance pour que les admissions à la retraite puissent être prononcées et vous être notifiées en temps opportun, et me faire connaître en même temps la date à laquelle il conviendrait, dans l'intérêt du service, de fixer l'admission à la retraite de l'Instituteur. J'appelle tout particulièrement votre attention sur ce point en ce qui concerne les changements qui ont lieu lors de la rentrée des classes.

Je crois devoir, à ce propos, vous signaler une disposition dont vous pouvez faire usage en cas de besoin. L'article 47 du décret du 9 novembre 1853 permet, lorsque le service l'exige, de maintenir en activité un fonctionnaire admis à la retraite; mais, dans ce cas, la jouissance de la pension part du jour de la cessation effective du traitement, sans que cette prolongation de services puisse donner lieu à un supplément de liquidation.

D'un autre côté, pour que le temps nécessaire à la liquidation des pensions ne soit pas inutilement prolongé, je vous prie de veiller à ce que les dossiers de propositions soient établis avec le plus grand soin, et de donner à cet égard des instructions très précises sur les points suivants :

Actes de l'état civil. — Chaque énonciation relative à l'état civil doit être appuyée d'un acte dûment légalisé. Cette règle n'est pas toujours suivie, et, souvent, pour les Institutrices veuves, on se borne à transmettre l'acte de mariage sans l'acte de décès du mari.

Certificats d'infirmités. — Lorsqu'un Instituteur est admis à la retraite pour cause *d'infirmités*, les certificats doivent établir et expliquer en quoi les infirmités *résultent de l'exercice des fonctions* (article 35 du décret du 9 novembre 1853), tandis que, lorsqu'il est admis comme *hors d'état d'exercer*, il suffit que ses infirmités, *quelle qu'en soit l'origine*, le rendent impropre au service. (Article 30 du décret du 9 novembre 1853.)

État de services. — Lors de la rédaction de l'état de services, les assertions de l'intéressé doivent être contrôlées avec le plus grand soin dans les bureaux de la Préfecture; mais ensuite le relevé, établi dans vos bureaux, doit être communiqué à l'intéressé afin qu'il puisse vérifier si tous ses services sont mentionnés et si ses traitements sont bien indiqués. En cas de désaccord, la réclamation du fonctionnaire doit être jointe avec vos observations à l'état de services, conformément à la circulaire du 15 décembre 1880.

Vous voudrez bien prescrire en outre que, lorsqu'il s'agit d'une demande de pension pour cause d'infirmités, on mentionne, sur l'état qui m'est transmis, les services qui ne peuvent être compris dans la liquidation, tels que ceux rendus dans l'enseignement libre, avant l'âge de vingt ans ou avant l'obtention du brevet. Le Conseil d'Etat m'a souvent témoigné le désir d'être renseigné sur ce point.

Ecole normale supérieure de Saint-Cloud. — Conditions d'admission. — Art. 5. — Un concours d'admission à l'Ecole de Saint-Cloud est ouvert tous les ans, du 15 septembre au 15 octobre. Un arrêté fixe chaque année la date de l'ouverture de ce concours, qui est annoncée deux mois à l'avance.

Art. 6. — Pour être admis à concourir, les candidats doivent :

Avoir vingt ans au moins et vingt-cinq ans au plus au 1er octobre de l'année où ils se présentent ;

Avoir contracté un engagement décennal, dans les termes de l'article 18 du décret du 29 juillet 1881.

Etre pourvus de l'un des titres suivants : brevet supérieur, diplôme de bachelier ès lettres ou ès sciences, diplôme de bachelier de l'enseignement secondaire spécial;

Et produire un certificat de médecin constatant leur aptitude à remplir les fonctions de l'enseignement;

Art. 7. — Des dispenses d'âge pourront être exceptionnellement accordées par le Ministre, sur la proposition du Recteur.

Art. 8. — Les inscriptions sont reçues, dans les départements, au secrétariat de l'Inspection académique; à Paris, au Ministère de l'instruction publique (6e bureau de la direction de l'enseignement primaire), quinze jours au moins avant l'ouverture des concours. A leur demande d'inscription, les candidats joignent leur extrait de naissance, leurs diplômes, une notice individuelle faisant connaître les diverses fonctions qu'ils ont remplies dans l'enseignement public ou libre.

Art. 9. — Nul aspirant n'est admis à se présenter plus de trois fois.

Art. 10. — L'examen d'admission comprend des épreuves écrites et des épreuves orales. Les épreuves écrites se font au chef-lieu du département, sous la surveillance de l'Inspecteur d'académie, ou, à son défaut, d'un délégué agréé par le Recteur.

Elles comprennent trois compositions, savoir :

Pour les candidats de la section des lettres :

1° Une composition française (dont le sujet pourra être un récit, une lettre, une analyse littéraire, la discussion d'une maxime, le développement d'une règle de grammaire, etc.);

2° Une composition sur un sujet d'histoire de France qui pourra être accompagné de questions géographiques;

3° Une composition sur un sujet de pédagogie;

Pour les candidats de la section des sciences :

1° Une composition sur un sujet de mathématiques;

2° Une composition sur des sujets de physique, de chimie et de sciences naturelles;

3° Une composition sur un sujet de pédagogie.

La composition de pédagogie pourra être commune aux candidats des lettres et à ceux des sciences.

La durée de chacune de ces compositions est de trois heures.

Les candidats reconnus admissibles sont appelés à Paris pour y subir les épreuves orales.

Art. 12. — Les épreuves orales consistent en interrogations, lectures, corrections de devoirs, exposés faits de vive voix après une courte préparation. (*Arrêté ministériel du 30 décembre 1882.*)

Ecole normale supérieure de Fontenay-aux-Roses. Conditions d'admission. — Art. 1er. — Un concours pour l'admission à l'école normale primaire supérieure d'Instutrices, à Fontenay-aux-Roses, est ouvert tous les ans, dans le courant du mois de juillet. Un arrêté fixe chaque année la date de l'ouverture de ce concours, qui est annoncée deux mois au moins à l'avance.

Art. 2. — Pour être admises à concourir, les aspirantes doivent être célibataires ou veuves;

Avoir vingt ans au moins et vingt-cinq ans au plus au 1er octobre de l'année où elles se présentent;

Avoir contracté un engagement décennal dans les termes de l'article 18 du décret du 29 juillet 1881;

Être pourvues du brevet supérieur ou d'un diplôme de bachelier;

Produire un certificat de médecin constatant leur aptitude à remplir les fonctions de l'enseignement.

Art. 3. — Des dispenses d'âge pourront être exceptionnellement accordées par le Ministre, sur la proposition du Recteur.

Art. 4. — Les inscriptions sont reçues, dans les départements, au secrétariat de l'Inspection académique; à Paris, au Ministère de l'instruction publique (6e bureau de la direction de l'enseignement primaire).

La liste d'inscription est close quinze jours au moins avant l'ouverture du concours.

A leur demande d'inscription, les aspirantes joignent leur extrait de naissance, leurs diplômes et une notice individuelle faisant connaître les diverses fonctions qu'elles ont remplies dans l'enseignement public ou libre.

Art. 5. — Nulle aspirante n'est admise à se présenter plus de trois fois.

Art. 6. — L'examen d'admission comprend des épreuves écrites, qui sont éliminatoires, et des épreuves orales.

Art. 7. — Les épreuves écrites se font au chef-lieu du département où l'inscription a été reçue; elles ont lieu sous la surveillance de l'Inspecteur d'académie ou, à son défaut, d'un délégué agréé par le Recteur.

Elles comprennent trois compositions :

Pour les aspirantes de la section des lettres :

1° Une composition française (dont le sujet pourra être un récit, une lettre, une analyse littéraire, la discussion d'une maxime, le développement d'une règle de grammaire, etc.);

2° Une composition sur un sujet d'histoire de France qui pourra être accompagné de questions géographiques;

3° Une composition sur un sujet de pédagogie.

Pour les aspirantes de la section des sciences :

1° Une composition sur un sujet de mathématiques;

2° Une composition sur des sujets de physique, de chimie et de sciences naturelles;

3° Une composition sur un sujet de pédagogie.

La composition de pédagogie pourra être commune aux aspirantes des lettres et à celles des sciences.

La durée de chacune de ces compositions est de trois heures.

Art. 8. — Les aspirantes reconnues admissibles sont appelées à Paris pour y subir les épreuves orales.

Art. 9. — Les épreuves orales consistent en interrogations, lectures, corrections de devoirs, exposés faits de vive voix après une courte préparation, etc. (*Arrêté ministériel du 30 décembre 1882.*)

Professorat des Ecoles normales. — **Décret du 28 juillet 1885.** — Article 1er. — Nul ne peut être nommé professeur d'école normale d'Instituteurs ou d'Institutrices, s'il n'a été déclaré apte à remplir ces fonctions, soit dans l'ordre des lettres, soit dans l'ordre des sciences, après un examen spécial dont le programme sera déterminé par un arrêté ministériel pris en Conseil supérieur de l'instruction publique.

Art. 2. — Ne peuvent être admis à cet examen que les candidats qui justifient :

1° De vingt et un ans d'âge;

2° De l'un des baccalauréats ou du brevet supérieur de l'enseignement primaire;

3° D'un stage de deux ans au moins dans l'enseignement public ou libre.

Des dispenses totales ou partielles de stage pourront être accordées par le Ministre, après avis du Recteur de l'Académie dans laquelle réside le candidat et du Comité consultatif de l'enseignement primaire.

Art. 3. — Les maîtres et les maîtresses d'école normale pourvus du certificat d'aptitude à l'enseignement, institué par le présent décret, prendront le titre de professeur.

Art. 4. — Un arrêté délibéré en Conseil supérieur déterminera les conditions dans lesquelles seront subies les diverses épreuves de cet examen.

Art. 5. — Les décrets des 5 juin 1880, 19 juillet 1880 et 4 janvier 1882, relatifs au certificat d'aptitude à l'enseignement des écoles normales, sont abrogés.

Art. 6. — Le Ministre de l'Instruction publique, des Beaux-Arts et des Cultes est chargé de l'exécution du présent décret.

Arrêté ministériel du 28 juillet 1885. — Article 1er. — Deux commissions, l'une pour l'ordre des sciences, l'autre pour l'ordre des lettres, sont nommées chaque année par le Ministre de l'Instruction publique pour examiner l'aptitude des candidats aux fonctions de l'enseignement dans les écoles normales.

Art. 2. — Chacune de ces commissions est composée de cinq membres au moins, auxquels sont adjointes, avec voix délibérative, pour l'examen des aspirantes, deux dames directrices ou professeurs d'école normale.

Des examinateurs spéciaux pourront être adjoints à l'une et à l'autre de ces commissions, avec voix délibérative pour l'ordre d'études qu'ils représentent.

Art. 3. — Les candidats sont tenus de se faire inscrire au secrétariat de l'Inspection académique, d'indiquer les lieux où ils ont résidé et les fonctions qu'ils ont remplies depuis dix ans, et de faire les justifications exigées par l'article 2 du décret du 28 juillet 1885. Le registre d'inscription est clos un mois avant l'ouverture de la session.

La liste des candidats est arrêtée par le Ministre.

Art. 4. — L'examen a lieu dans les dernières semaines de l'année scolaire, aux jours fixés par le Ministre.

Art. 5. — L'examen se compose :

D'épreuves écrites, lesquelles sont éliminatoires;

D'épreuves orales et pratiques.

Il comprend des épreuves facultatives.

Art. 6. — Les épreuves écrites ont lieu au chef-lieu du département sous la surveillance de l'Inspecteur d'académie ou d'un délégué agréé par le Recteur.

Elles comprennent :

Pour les lettres :

1° Une composition sur un sujet de littérature ou de grammaire;

2° Une composition d'histoire et de géographie;

3° Une composition de psychologie, de morale ou de pédagogie;

4° Une composition de langues vivantes, thème et version (anglais ou allemand). — Cette épreuve ne sera obligatoire qu'à partir du 1er janvier 1888.

Pour les sciences :

1° Une composition de mathématiques;

2° Une composition de physique ou chimie et de sciences naturelles;

3° Une composition de dessin géométrique et de dessin d'ornement (pouvant porter pour les aspirantes sur un dessin appliqué aux travaux d'aiguille);

4° Une composition sur un sujet de morale ou de pédagogie.

Les sujets des compositions sont tirés des programmes d'enseignement dans les écoles normales. Ils sont envoyés par l'Administration centrale.

Quatre heures sont accordées aux candidats pour chacune des compositions écrites, à l'exception de la composition de dessin géomé- et de dessin d'ornement, pour laquelle il est accordé six heures. Les quatre épreuves de chaque série ont lieu en quatre jours consécutifs, les mêmes pour toute la France.

Art. 7. — La Commission prononce l'admission aux épreuves orales et pratiques. Ces épreuves ont lieu à Paris.

Art. 8. — Les épreuves orales et pratiques comprennent :

Pour les lettres :

1° Une leçon sur un sujet tiré au sort, dont la durée ne dépassera pas une demi-heure et qui pourra être suivie d'interrogations portant, soit sur le sujet qui a fait l'objet de la leçon, soit sur toute autre partie du programme;

2° La lecture expliquée d'un passage pris dans un auteur classique français;

3° La correction d'un devoir d'élève-maître;

4° L'explication à livre ouvert d'un texte allemand ou anglais, suivie d'interrogations sur la grammaire allemande ou anglaise (un quart d'heure).

Pour les sciences :

1° Une leçon sur un sujet tiré au sort, dont la durée ne dépassera pas une demi-heure et qui pourra être suivie d'interrogations portant, soit sur le sujet qui a fait l'objet de la leçon, soit sur toute autre partie du programme;

2° Une manipulation de physique ou de chimie et une démonstration pratique d'histoire naturelle. Le sujet de la manipulation ou de la démonstration sera tiré au sort;

3° La correction d'un devoir d'élève-maître;

4° Pour les aspirantes, l'exécution d'un ouvrage d'aiguille (couture, tricot, crochet, broderie, coupe et assemblage de vêtements, etc.).

Trois heures sont accordées aux candidats pour la préparation de la leçon. Cette préparation aura lieu à huis clos; les candidats pourront recourir à la bibliothèque et aux diverses collections scientifiques de l'école normale.

La lecture expliquée et la correction du devoir seront précédées d'une préparation dont la durée ne dépassera pas trois quarts d'heure pour chacune des deux épreuves.

Il sera accordé une heure et demie pour la manipulation et la démonstration d'histoire naturelle.

La liste des auteurs allemands ou anglais, ainsi que celle des auteurs classiques français sur lesquels porteront les explications des textes, seront arrêtées tous les trois ans.

Art. 9. — Les candidats de l'un ou de l'autre ordre, qui en feront la demande, seront admis à subir en outre des épreuves facultatives destinées à faire constater leur aptitude à l'enseignement ou à la direction des travaux manuels à l'école normale.

Ces épreuves sont :

Pour les aspirants :

1° Une épreuve de modelage d'après un modèle facile (trois heures);

2° L'exécution, d'après un croquis coté, d'une pièce en fer ou en bois, ou d'un travail de taille sur la pierre ou le plâtre. Cette épreuve sera suivie d'interrogations sur les matières premières mises à la disposition du candidat.

Pour les aspirantes :

Une épreuve pratique portant sur un ou plusieurs des exercices que comporte le programme du travail manuel pour les filles dans les écoles primaires (arrêté du 27 juillet 1882) et dans les écoles primaires supérieures (arrêté du 27 juillet 1885).

Art. 10. — Après la clôture des examens, la Commission dressera, par ordre de mérite, la liste des candidats qu'elle juge dignes d'obtenir le certificat d'aptitude aux fonctions de professeur des écoles normales.

Cette liste est soumise à l'approbation du Ministre, qui délivre les certificats.

Art. 11. — Pendant cinq années à partir de la publication du présent arrêté, les professeurs d'école normale de l'un ou de l'autre ordre d'enseignement, qui désireront compléter leur titre par l'adjonction d'une ou plusieurs des matières obligatoires ou facultatives, instituées par cet arrêté, seront autorisés à subir ces épreuves en en faisant d'avance la déclaration et en s'inscrivant dans les mêmes conditions que les autres candidats.

Art. 12. — Les arrêtés du 26 décembre 1882 et du 20 juillet 1883, relatifs aux certificats d'aptitude au professorat des écoles normales et à l'enseignements du travail manuel, sont et demeurent rapportés.

Demande de changement de résidence. — Les Instituteurs et les Institutrices qui désirent changer de résidence doivent adresser, à l'administration, une demande bien motivée dans laquelle ils mentionneront, dans l'ordre de préférence, les postes qu'il leur ferait plaisir d'obtenir *en cas de vacances*, ou indiquer les régions où ils iraient volontiers.

A l'appui de leur demande, ils joindront une notice conforme au tableau ci-dessous :

Commune d   *Ecole publique d*

NOM et PRÉNOMS	NAISSANCE		ANNÉES de SERVICE	CHARGES de FAMILLE	POSTE SOLLICITÉ — RÉGION	RÉSULTATS OBTENUS — École normale Certificat d'études Concours divers
	DATE	LIEU				

A.....   le.....   *L'Institut.....*

TABLE DES MATIÈRES

DÉLÉGUÉS CANTONAUX

CORRESPONDANCE

HYGIÈNE SCOLAIRE

ANNEXES

PRADES. — Imprimeries réunies (C. LARRIEU & Cie).

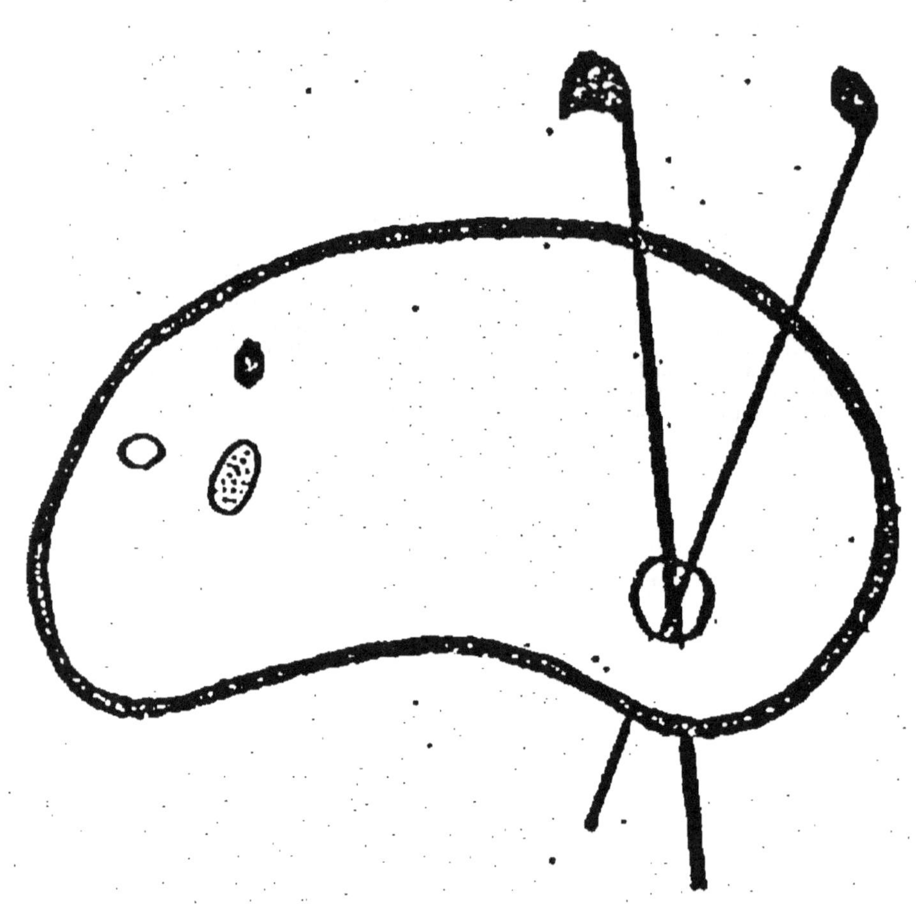

www.ingramcontent.com/pod-product-compliance
Lightning Source LLC
LaVergne TN
LVHW020421230826
846091LV00004B/1352

* 9 7 8 2 0 1 6 1 8 4 7 1 4 *